『甲賀忍者の真実』別冊付録

帰ってきた甲賀者の棲み家

渡辺　俊経

三学出版

『甲賀忍者の真実』別冊付録

『帰って来た甲賀者の棲み家』の刊行にあたって

序文

2000年2月、私は82歳で人生初めて著書『甲賀忍者の真実』を刊行した。新型コロナ感染の広がる中で対面活動が制約されてろくな広報活動もできず、格別の御支持を頂いた訳ではないが、少しは知り得た知見と自分の意見を述べることが出来てすっきりした感覚があった。

2022年12月、私は84歳の誕生日に『帰って来た甲賀者の棲み家』と名付けたホームページを開設し、日ごろ気付いたことを書き込むことにした。所が生来の無精者のため、こまめな内容更新を怠り、半年もたたずにお手上げ状態になってしまった。1年ほど休んで再開したが今度はパソコンの細かい操作を忘れてしまい、一から教え直して貰いやっと一部復旧できた有様で、正直ほうほうの態となった。これ以上周りにご迷惑を掛けるべきでないと思い至ったが、そこでホームページの行方のことにはっと気が付いた。

ネット上にデジタルで意見や情報を発信するのはよいが、どう見ても云いっぱなし流しっぱなしで、無責任に放り出されたまま醜悪に悪臭を放ったりしながら消えてゆく。中には大事なものもあるが、これらも5年、10年さらには100年経つと消えてゆく。USBに入れようと、大型ディスクに記憶させようと、はた又クラウドとやらに宿らせようとも100年後にはメモリーの呼び出し方式が異なっていて、かつてのフロッピーディスクが今読みだせないように、再生できないこと明白である。

そこで、『帰って来た甲賀者の棲み家』の中で云ってしまったことの責任を取る意味と、百年後にも残っていて読み直して貰える機会が有るかもしれない事を期して、デジタル空間の記事をすべて紙とインクで書面にして、これを先行の本体『甲賀忍者の真実』の別冊付録とすることにした。丁度この2月で本体刊行から丸5年を経るが、この間後半2年少々のホームページの記事を5年遅れで本体に別冊付録として添付する形態となる。資金も限りがあるので自費で100冊をめどに刊行し、関係先に配らせていただきたい。

なお、本体は縦書きであったが、別冊付録はホームページの印刷であるので横書きで統一する。横書きのままでの印刷なら楽ではと勝手に想像していたが、実はホームページのソフトWord Pressから印刷のソフトにデータを載せ換えるには横書き同士であっても出版屋さんでそれなりのご苦労を頂いた。深く感謝したい。

2025年1月　87歳の春　　　渡辺俊経

（ホームページ『帰ってきた甲賀者の棲み家』序）

表玄関（はじめに）

　私は帰って来た甲賀者である。私は江戸での 37 年間のお勤めを終え、平成 12 年自身が甲賀者であることさえ知らず、故郷甲賀へ帰って来た。しかし帰郷直後に自身が尾張藩甲賀者の子孫であることを知ることになり、以来約 20 年間否応なく尾張藩甲賀者の末裔であることを意識することとなった。即ち自分が帰って来た甲賀者であることを意識し、一部のコードネームに「帰って来た甲賀者」を用いたが、余り公にはせず、甲賀者らしくソッと名乗って来たし、自らの生活や想いを公表することも控えめに行ってきたつもりである。

　しかし令和 2 年に、甲賀忍者の真の姿つまりリアル甲賀忍者を世の中の人びとに知って欲しいというこの 20 年間の思いが余って、著作『甲賀忍者の真実—末裔が明かすその姿とは—』を刊行し、世に問うたのであった。そしてこれですべて終わるはずであった。

　ところが甲賀市で開催されるはずであった令和 2 年の国際忍者学会が、コロナウイルス蔓延の為に一旦令和 3 年に延期された後更に令和 4 年に延期され、やっと本年 9 月に甲賀市で開催されたのであったが、ここに地元に棲む甲賀者が何も発表せざるべからず。「甲賀忍者に関する一考察」と題してリアル甲賀忍者とは何か、リアルでない忍者とは何かを問う発表を行った。

　その後この内容をまとめた文章を国際忍者学会の機関誌に投稿した所がどうやら内容が気に入らぬらしく、字数不足という理由だけで却下するという。やり取りするには当方年を取り過ぎていて時間がない。そこでこの際従来の方針を変更し、帰って来た甲賀者の棲み家をホームページに公開し、そこに件の文章も修正なしで公開して世のご批判をいただきたいと考えた次第。

　本日 85 才になるのを機に、以下のようなホームページを公開し、ある程度体裁が整ったら誰かに後を託したいと思う。

2022 年 12 月 9 日　　渡辺俊経

目次

別冊付録版序文　2

ホームページ『帰ってきた甲賀者の棲み家』

表玄関（まえがき）　3

応接間（我が家の展示物のご紹介の場）　5

【客間一】尾張藩甲賀者　5
【客間二】渡辺俊経家文書　11
【客間三】著書『甲賀忍者の真実』　13
【客間四】甲賀武士と甲賀忍者　15

仕事場（帰ってきた甲賀者の活動と結果発表の場）　25

【書斎】　　最新論考　26
【作業小屋】ブログ　66
【納戸】　　外部発表記録　93
【書蔵庫】　参考資料　98

奥之間（帰ってきた甲賀者のプライバシー開示）　104

【仏間】渡辺家の先祖たち　104
【居間】普段着の仲間達　116
【寝室】転生の記録　118
【土間】甲賀の自然生活　119

全体あとがき　120

応接間、客間（我が家の展示物のご案内）

　お客様にはホームページ「帰って来た甲賀者の棲み家」の応接間をお訪ねいただき有難うございます。こちらは当家の展示室になっております。先ずはゆっくりとくつろぎながら、私共の誇りにいたしております展示品をご覧ください。

客間1　尾張藩甲賀者・・・・・・・木村奥之助と甲賀五人、渡辺善右衛門と仲間達
客間2　渡辺俊経家文書・・・・・・157件の古文書
客間3　著書『甲賀忍者の真実』・・・2000年　サンライズ出版
客間4　甲賀武士と甲賀忍者・・・・・リアル甲賀忍者とは何者

客間1　尾張藩甲賀者
　　　　木村奥之助と甲賀五人、渡辺善右衛門と仲間達

1995年頃名古屋で発見された甲賀者に関する尾張藩の関係文書集

木村奥之助と甲賀五人

　延宝7年（1579）第二代尾張藩主徳川光友は、その数年前に武士として採用していた元甲賀の山伏木村奥之助に命じて、甲賀に於いて5人の甲賀忍びを採用させた。この際尾張藩と彼ら5人は「契約」をしたと記録され百姓身分のままで武士である奥之助に統率された。この5人は正月など定められた時以外は甲賀に在住していて、緊急事態の際の出動に備える形で幕末まで約190年間代々勤め続けた。

　当家の蔵には桐の刀箪笥があり、その中には名古屋城中で着用したと思われる上下や刀剣類（中刀1本と小刀2本）が残されており、甲賀五人の者たちは名古屋城へ出仕した際には武士並みに帯刀していたのではないかと推定される。

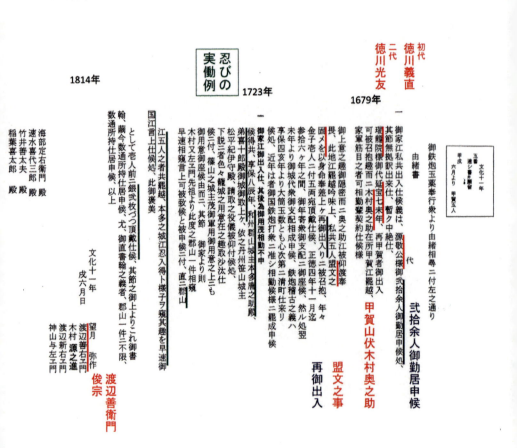

忍びの者代替わりの際の起請文
「盟文之事」渡辺俊経家文書 No.4

初代「三之助（平右衛門）」から二代「善右衛門」への代替わり時の誓約書

文化11年（1814）渡辺善右衛門の比定

　文化11年における渡辺家の当主は渡辺俊宗である。しかし系図上は「平右衛門尉」としか記載されておらず、善右衛門であるとは確定できない。

　しかし、寛政8年(1796)の父の死を受けた代替わり文書(当家文書No.7)に寛政9年(1797)4月付けの「渡辺善右衛門俊宗」のサインがあり、同No.120に「渡辺善右衛門俊宗」の年月日不詳のサインがあり、また同NO.147等文政期の証文類に渡辺善右衛門宛てのものが複数存在することから、天保6年（1835）歿の渡辺俊宗が父親の死後約40年間善右衛門を名乗ったことは間違いない。よって文化11年に於ける甲賀五人文書発給者5人中の渡辺善右衛門とは当家の先祖渡辺俊宗であると比定して差し支えない。

渡辺家部分系図（尾張藩勤め初代～4代）

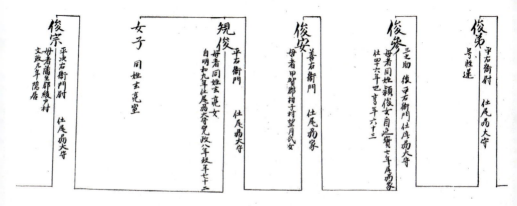

7

甲賀五人渡辺善右衛門家の歴代

歴代	氏名	通称	尾張藩勤め	引継書
初代	渡辺俊参（三之助）	平右衛門	延宝7年（1679）より46年間	なし
2代	渡辺俊安（新六郎）	善右衛門	享保9年（1724）	あり
3代	渡辺規俊	平右衛門	明和9年（1772）より勤務	あり
4代	渡辺俊宗	平次右衛門尉 のち善右衛門	寛政9年（1797）～ 文政7年隠居	あり
5代	渡辺俊明（隼太）	夭逝		なし
6代	渡辺俊宜（平内）	平右衛門	中村家より養子文政9年36歳にて歿 俊宗再任？	
6代	渡辺俊勝	善右衛門	文政12年（1829）より	あり
7代	渡辺俊恒（捨三郎）	平右衛門	明治元年（1868）勤務終了	なし

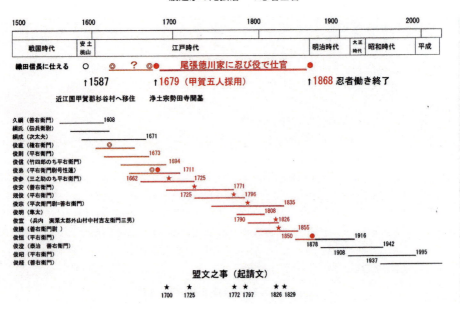

渡辺家の尾張藩への忍者士官

他の四家の判明状況極く概要

①渡辺新右衛門家：杉谷村の渡辺善右衛門家の分家（東隣の燐家であった。）である。代々漢方医であった。尾張藩忍びの初代は渡辺権右衛門、文化11年時点は渡辺新右衛門、最終は渡辺宗十郎俊賀である。現在ご子孫の行方が不明で連絡が取れていない。

②神山与左衛門家：塩野村の山伏。文化年間の宗門改めの古文書が残る。尾張藩忍びの初代は神山市右衛門、文化11年時点は神山与左衛門、最終も神山与左衛門（政吉又は亀太郎）である。ご子孫が太平洋戦争の頃に隣の蒲生郡日野町に転居され今もそちらにお住いである。

③望月弥作家：甲賀望月氏の有力者で塩野村在住の一族。尾張藩忍び初代は望月甚太夫重宣、文化11年時点は神山甚太夫重満（与作）、最終は神山甚太夫重安（哥之介）である。ご子孫は神戸に在住されていたが、現在音信不通となった。なお初代の採用された時期については当家の系図に天和2年（1682）と記載されており、他の4家より3年遅れて採用されている。

④木村源之進家：杣中村木村本家の一族であることは間違いないが、実は子孫の家系が杣中村で見つかっておらず、確定できない。尾張藩忍びの初代は木村文四郎で木村奥之助の弟（三男又は四男）と推定。文化11年時点では木村源之進、最終は木村文八である。末裔は現在不明。

⑤吉川金四郎と柘植治郎兵衛；伊賀の貝野家文書に寛政4年（1792）の情報として尾張藩忍びの甲賀者として他の5人と共にこの二人の名が出て来る。葛木村の吉川氏は寛永20年（1643）に望月氏本家筋から家来の者として吉川の姓を授かっており、延宝7年（1679）に一旦吉川金四郎が尾張藩忍び五人の一人として採用されたものの、天和2年（1682）に尾張藩忍びの役を主人筋の望月甚太夫に譲ったものとして間違いないものと推定される。因みに昨年村文書の中から見付かった「間林清陽」の発見場所の旧葛木村はまさにこの吉川氏の居住する村であり、この古文書も吉川氏の一族から流出したのではないかと考えられる。

　柘植治郎兵衛が何者であり尾張藩甲賀五人とどう繋がるのかは目下不明である。

戦国時代以後の渡辺善右衛門家と渡辺新右衛門家
　渡辺新右衛門家は戦国時代に渡辺善右衛門家から分かれた極めて古い分家である。しかしこの時期は資料も少なく系図が混乱していて両家をすっきりと結ぶことはむずかしい。そこで若干の仮定をおいて両家の系図を繋ぎ（D系図とする）、比較的信頼できる江戸時代の情報で両家を今一度系図的に見直した。その結果250年ほどの間に7回の婚姻関係が結ばれていたことが判明した。これは開田氏文書（馬杉文書）に於いて認められた馬杉氏の血統を守ろうとする一族（開田、多喜、飯田三氏）の行動と同様のものと思われた。

戦国時代以後の渡辺二家（嵯峨源氏渡辺家Ｄ系図による）　2022.4.13

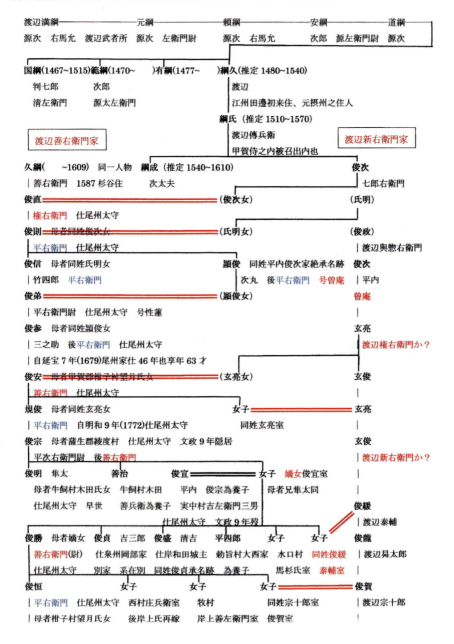

客間2　渡辺俊経家文書‥‥‥157件の古文書
「渡辺俊経家文書」発見の経緯

　帰って来た甲賀者が将に江戸から帰郷した年、平成12年（2000）の帰郷数か月後に、屋敷内に残る古い土蔵の2階にある古ダンスの引出から自ら発見した。この蔵は年月日不詳（文政～天保頃か）の落雷により母屋ほかがほぼ全焼した中で唯一焼失を免れたもので、お陰でその中に保管されていたこれら文書類が今日まで奇跡的に残存することが出来た。本文書群の特色は、忍術秘伝書的ないわゆる既成の忍術書が少ないにも係わらず、「忍び」を生業とする家に残っていたことがなるほどと納得できる程「忍者関連文書」の集まりであるという点である。この点で当文書群の存在そのものが当家が尾張藩に仕える甲賀者の子孫であることを裏付けていることになる。

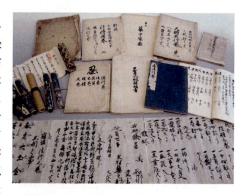

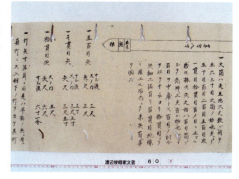

「渡辺俊経家文書」の概要と特色
　総数　157件
　期間　万治2年（1659）から大正3年（1914）に亘るが、大半が江戸時代の文書である。
　内訳　尾張藩甲賀者関係：15件　甲賀古士関係：5件
　　　　忍術関係：17件　その他武術関係：31件
　　　　兵法書：14件
　　　　家系関係：16件　信仰関係その他：29件
　　　　地域関係、証文類：27件　その他：3件
　　　　合計157件
　特色　上記から分るようにせいぜい庄屋を務めた程度の田舎の庶民の家から見つかった古文書にも拘わらず、尾張藩関係や甲賀古士などの武士に繋がる文書と忍術・その他武術・更には兵法書といった広い意味での武術関連専門書が典籍でなく写しながらもオリジナル版の形で残っていて、これらが全体の半数以上を占めていることがこの古文書群の特色である。

「渡辺俊経家文書」の保存の現状

令和5年央に、No.89「嵯峨源氏渡辺家系図」以外の156件を甲賀市に寄贈した。系図については実物を今後とも当家で使用続けるので、コピーを作成しこれを寄贈した他の156件と合わせて保管して戴いている。

なお、行事での展示や外部からの貸し出し要請に対応するため、そういった要望の多い古文書類については各々2、3件のレプリカの作成とレプリカによる貸し出しを、本件初期寄託の際の当初の約束条項として甲賀市との間で了解し合っていた。今も守られていることが元所有者として大変嬉しい。

「渡辺俊経家文書」の解読と公開状況

極めて私的な証文類とその背景を探る等は行われていないが、それ以外の武術関係約80件と宗教関係その他約40件の文書については伊藤誠之氏により全て翻刻が行われており、157件の文書群全体としての一次的な把握は終了することが出来ている。

翻刻された結果の大半は以下の2冊の書籍として公開されている。今後はこの翻刻されたそれぞれの文書が忍者研究の中でどんな意味を有するのかを究明する段階であろう。

『渡辺俊経家文書』―尾張藩甲賀者関係史料Ⅰ―平成29年3月　甲賀市刊行
渡辺俊経家文書全157件の約半数の翻刻
甲賀市観光協会窓口で購入可能

『甲賀者忍術伝書』―尾張藩甲賀者関係史料Ⅱ―平成30年3月　甲賀市刊行
渡辺俊経家文書より11件の現代語訳と木村奥之助関係忍術文書の翻刻
甲賀市観光協会窓口で購入可能

杣中木村本家文書‥‥‥黒い表紙の関連文書シリーズ3冊目として
2023年2月甲賀市より刊行

『杣中木村本家文書』―尾張藩甲賀者関係史料―令和5年5月甲賀市刊行　『軍法間林清陽巻中』合冊

木村奥之助の生家である杣中木村本家に残った尾張藩関係文書の翻刻と、令和4年に甲賀市で発見された間林清陽巻中の翻刻を載せる
甲賀市観光協会で購入可能

客間3　著書『甲賀忍者の真実』（サンライズ出版　2020年）
『甲賀忍者の真実』－末裔が明かすその姿とは－

　帰った来た甲賀者自身が、甲賀市に帰って来てからの約20年間に学んだ甲賀忍者に関する真相と思われる情報を基に、これが真実ではないかと問いかけた著作である。80才を越えた帰って来た甲賀者の遺言でもある。

概要

　実物を読んでいただくのが一番なので、敢えて要約はしない。代わりに目次をあげる。

目次

書誌的事項

　A5判 151ページ　巻末資料として大原同名中惣の掟書き等を添付した。
　令和2年（2020）2月刊行　サンライズ出版
　ISBN　978-4-88325-675-4
　定価　本体2,400円＋税

13

磯田道史先生による書評（毎日新聞令和2年3月8日（日）全国版）

初版から1ケ月以内に磯田道史先生から書評を頂戴しました

毎　日　新　聞　令和2年3月8日（日）全国版

磯田　道史　評

甲賀忍者の真実
末裔が明かすその姿とは

渡辺俊経著（サンライズ出版・2640円）

本書は著者がすごい。忍者本は山ほどあるが、こんな本はない。ほんとに曽祖父が忍者で、そこに育った孫が書いた本だからである。私は全国の忍びの古文書を探す過程で、十年ほど前、著者の渡辺俊経さんに初めて会った。甲賀の杉谷地区の築数百年の屋敷に座るその人は知的で上品な印象であった。京大工学部を出て、大手化学会社に勤めていたという。忍者の子孫は薬剤関係が多い。薬剤師・医者・化学会社、やっぱりと思った。

「ここへ来た研究者は磯田先生が二人目です。服部黶（故人、甲賀地域史）という方がこの地の実情が多く分かってない空論に道を尋ねた。近年、鬼頭勝之という名古屋の研究者が五人組の尾張藩の甲賀忍者の論文を書き、その中の一人が渡辺善右衛門。その子孫の家はどちらですか。私です」。そして、世が世なら、渡辺さんが屋敷の……。

私は知的で上品な印象であっ渡辺俊経さんに初めて会った。た。京大工学部を出て、大手化学会社に勤めていたという。忍者の子孫は薬剤関係が多い。薬剤師・医者・化学会社、やっぱりと思った。本書は、甲南忍術研究会の会長となり、退職後、渡辺さんは、甲南忍術研究会の会長となり、甲賀忍者の古文書をもとに広く甲賀忍者の研究をはじめた。それから二十年、書かれたのが本書である。忍者の子孫の憤

子孫の意地　大量史料で実在を証明

概（がい）があったようである。まえがき、にある。「大方の学者先生は古文書や先人の文献をもらを駆使してもっともらしい説明をなさるが、実は現地の実情が多く分かってない空論に道を尋ねたい」と思い、ドキリとしながら、「君としても哀れな存在で、苦し紛れに忍者の活動面をでっち上げた」といっている。と、感じた。

事実、そういう類の書物も出された。その論旨はこうである。江戸時代、甲賀地方の土着農民は悔しい思いをしていた。戦国時代には城塞と砲打ちに優る甲賀山伏の忍術之助から甲賀山伏・鉄之助から土豪武士であったのに農民身分に落とされたと感じていたからで名古屋城下に住まわせた。さらに甲賀古士」という「由奥之助の故郷・甲賀で、渡辺家など

……。
私です」。そして、世が世なら、渡辺さんが屋敷の

忍者本は山

るど、奇妙なものになる。しっかり史料を収集し、家族関係、信仰、学芸、当鬧の実態などを現地の方々と交流しながら書かねば、とても文字化できない。先日も、忍びの兄なのね。甲賀の村で密かに忍び合ったという研究はすぐには成果が出ないという研究はすぐには成果が出ない。

私が忍者研究をはじめた頃は、学界でも忍者研究に無言の風当たりが強かった。私も「磯田君は大丈夫なのか」、大先生に言われたことがある。渡辺さんも歴史研究者は「甲賀忍者など虚妄である」「君とし忍びの人間関係がかなり細かく、そういう研究はすぐには成果が出ない。

ところが、甲賀忍者たちゃんといた。渡辺さんの家には、曽祖父という尾張藩の忍びであり、忍術で仕えていた確かな証拠がごって、これ「盟主とよばれる起請文であった。「尾張中納言様（尾張藩）御忠節役人」として隠密に契約し、父子・兄弟・朋友でも「語り申さず」という書類が出てきた。尾張藩は木村奥之助に採用し、忍者を落ち身分に落とされたと感じていたからで名古屋城下に住まわせた。さらに甲賀古士」という「由奥之助の故郷・甲賀で、渡辺家など

緒」を主張した。忍術を使った戦闘史料を収集し、家族関係、信仰、学芸、当鬧の実態などを現地の方々と交流しながら書かねば徳川家康に奉公した荻左右衛門の要人に説明し、忍術書『萬川集海』を提出し、自分たちも甲賀武士立てほしい。甲賀は再び甲賀武士の自主管理の地方に、と運動した。今も忍術をもっていないと、幕府に忍者になった甲賀郷民が忍者、と騙されていたなら、という甲賀忍者虚妄論である。だから、貧

甲賀五人の忍びが契約し、甲賀の里に住まわせたまま、名古屋に馬で交代参勤させる方式で、忍者部隊を編成したのである。本書では、この五人の忍びの勤務形態や子孫がや古文書を探し出していく過程が描かれている。これは地元に住み、忍者の子孫である渡辺さんならではの記述である。

このように細部だけではなく、古代からの甲賀の風土も記述し、「精神性の高いものを求める気質や気質な忍術がこの地方から生じた理由を説明する。「古代以来の甲賀の風土気質を」を説明したこと、これが天台奈宗寺院の文化につながる「という説明である。材木産地で高所作業や河川流通にたけた「杣人」がいて、こへ「山伏」がいた。この両者が結びつき「山伏」がいた。「忍び」が生じるのは理の当然である。こうして生じた甲賀の忍術が戦国期になって発展、そして修験道（山伏）文化が移住し、仏伝来が移住し、仏教来が移住し、修験道て生じた甲賀の忍術が戦国期になって発展、「精神性の高いものを求める気質や気質な忍術がこの地方から生じた」と記述、渡来人が移住し、仏の大量進出、そして修験道院の文化につながる「という説明である。甲賀忍者に興味をもつ方には必読の書であろう。

客間4　甲賀武士と甲賀忍者‥‥‥甲賀忍者とは何者か

油日神社に残る 15 世紀末の木版「油日御造宮御奉加之人数」

甲賀武士とリアル甲賀忍者

　中世の頃荘園が崩壊する中で、甲賀武士たちは元々異なった出自を有する者達であったが、基本的に田んぼを所有してその経営を行う農業者であった。たとえ自ら手を汚して耕作を行わないまでも、百姓として村の仲間達と中世郷村の自治を行っていた。ただ彼等は村の治安維持・防衛に責任を負う武士の仕事も同時に行った。つまり半農半武なのである。別の云い方をすれば彼等はそれぞれの村にあって、村の自治と防衛の中心であった。そして時代の進展と共に同名中惣という村の自治組織や、川筋や平野の地形に応じて近隣の複数の自治組織が集まって地域の自治の協定を行い、遂には信長が近江にやって来る頃には甲賀郡全体で「甲賀郡中惣」という広域の自治組織を形成し、奉行を出し合ってこれを運営して見せたのであった。

　その甲賀武士たちが一度び他地域の大名等から声を掛けられ戦闘支援や情報活動を求められた時、彼等は自律した自主的な集団として戦果を挙げたのであった。その彼らこそが真の甲賀忍者・リアル甲賀忍者であった。批判を恐れずあえて少しばかり断定的に言えば、甲賀忍術という技（技術）を習得したから甲賀忍者になれるのではなく、甲賀における自地域や組織の運営を自律的かつ自主的に行える人（人格、人間）となることができて初めて甲賀武士となりリアル甲賀忍者になり得たのである。

今も残る中世甲賀武士の名前

中世には甲賀の惣社とも称された油日神社には、厚い木板に墨書された「油日御造宮御奉加之人数」なる15世紀末の修復時の寄進者名簿が存在し、ここには戦国時代にこの地域(杣川流域)周辺に実在した数十名の甲賀武士の名前が残されている。上野氏、大原氏、篠山氏、和田氏、望月氏、鵜飼氏などなどである。

甲賀忍者の起こり―長享の変（鈎の陣の陣）の位置付け―

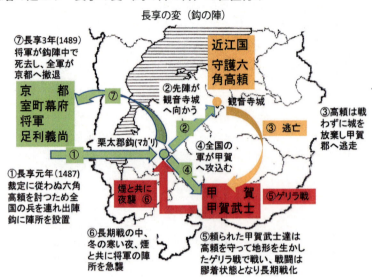

足かけ3年に及ぶゲリラ戦による甲賀武士たちの抵抗の末、将軍足利義尚は鈎の陣中で横死し、結果として六角・甲賀武士連合軍の勝利となった。負けた将軍の軍では兵たちが全国へ戻り各地で甲賀武士たちの奮戦ぶりと自分たちの苦労を語り、その結果甲賀武士の有能さを宣伝することとなり、「甲賀には素晴らしい忍びが居る」とのうわさ話を作りだした。以後戦国時代にかけて多くの地方戦国大名たちが甲賀者を抱えて行った。

近江戦国余話のうち甲賀忍者外伝

戦国時代の甲賀は人材の宝庫

2020年は東京オリンピックが開催されるはずであったが、早春に突如出現した新型コロナウイルスのせいで全世界が動転し東京オリンピックは延期となった。他方この年のNHK大河ドラマ『麒麟がくる』は出足の混乱にも関わらず、オリンピック・パラリンピックが予定されていた時期約2か月の中断期間はあったものの、どうやら少し短縮された形で完結しそうである。

多くの人は明智光秀が何故本能寺の変を起こしたかに関心を寄せておられる風だが、実は当

然のことながらドラマの大半は光秀の出世物語である。別の云い方をすれば、光秀は 60 年以上の全人生を掛けて信長を倒そうとした訳でなく、結果論的には「光秀は織田政権（或は織田軍団）の中で如何にして有能な人材足り得たか」を描くのに時間をかけているのであろう。

この織田政権の中で、柴田勝家らの譜代の家臣に伍して、重要な家臣となり才能を発揮したのが光秀であり秀吉であったが、同じ時期近江国甲賀郡から幾人もの人材が織田政権の浮揚に貢献しているのである。光秀や秀吉の外にもこんな者達がいたということを世間に知ってもらう意味で、また秀吉や家康の政権浮揚に貢献した外様者達も多かったことを知ってもらう意味で、今回は甲賀の関係者に限りご紹介しようと思う。400 年以前の昔、東海地方出身の英傑たちに甲賀から協力した彼らこそが戦国時代に活躍した甲賀の忍びと同根の者達だからである。

ところで、この様なテーマでこの文章を書くことになったのにはいささかの事情があったので、異例ではあるがどうしてもここでそのことに一言触れておきたい。本テーマは、2020 年 8 月 8 日に開催予定であった近江歴史回廊倶楽部の夏の例会での「近江源氏」や「近江古代史」の講演会が新型コロナのせいで出来そうにもないので「もっと気軽なテーマ」で一時間ほど場を持たせて下さいと 5 月頃に頼まれて、それではとこちらも気軽に引き受けた時に考えたテーマである。

所がその後この気軽な企画そのものも新型コロナの再燃を受けて取り消しとなり、代わりに講演で話す予定であった内容を紀要の形にして提出してくださいと指示されたので、実はこの数か月困り果てていたのである。それは世人は紀要とは正確な記録だと思い込んでいる風があり、「気軽な内容の話」と「紀要に書き残すべき正確な内容」とがどうしてもなじまないからある。

そこで悩んだ結果遂に、我々の組織は素人の集まりであって正確無比歴史記述を残すことなど本来期待されていないのだという、言い訳を見付けたのである。つまり若干の事実誤認や、調査不足による空欄や、解釈の間違いは専門学者なら致命傷となっても、我々素人には許される。必要があれば気が付いた別の仲間が追加調査や研究をすればよいとする考え方である。

今回の内容は皆さんに気付いて戴くことを第一義にしたので、当然浅く広く触れて行こうとするのだが、本来私はそんなに物知りではなく、調べて紹介するにしても浅学非才の為広がりにも奥行きにも不足が生じがちで、正直恥ずかしい状況である。しかしそれを敢えて強行させていただいたのが本稿である。各位のご指摘、ご教授を期待すること切である。

1．信長に臣従した甲賀出身者

近江国甲賀郡と尾張国は隣国でもなく、中心地同士で直線距離 80km 以上離れている。それなのに 450 年もの昔、なぜこんなに多くの甲賀人が織田政権の確立に関わっているのだろうか。特に注目すべき点は彼等のほとんどが自らの意志で織田家に近づいたと思われる点である。

					1）織田信長に仕えた甲賀出身者			
氏	名	出自	出身地(本貫地)	地位	事績	役回り	殁地	墓所
池田	恒利	瀧村多喜氏	(池田村) 池田氏女壻	信秀に仕官	妻養徳院が 信長の乳母	乳母の先夫 一益の叔父	尾張で殁1538	尾張？ 岐阜池田町？
池田	恒興1536～ 信繼勝三郎	池田恒利息 信長乳兄弟	(池田村)	犬山城主 1570～1581	兵庫城主1581" 山崎合戦参戦	清須会議出席1582 織田家宿老	(後出)	(後出)
滝川	一益	瀧村多喜氏 池田恒利甥 (瀧村)	榑野村滝川城主 (瀧村)	伊勢長島城主 本願寺攻略	関東御取次役 上州厩橋城主	四天王の一人 清須会議欠席	賤ヶ岳敗戦後 1586京都で殁	京都妙心寺 福井？鳥取？
佐治	為興 信方	小佐治村佐治氏	伊佐野村分家 (小佐治村)	一色氏の城代 知多大野城主	信の方の夫	お市の方の妹お犬 浅井長と同格	伊勢長島で戦死 1574	知多大野？
和田	惟政	和田氏本家 室町幕府被官	(和田村)	元幕府奉公衆 高槻・芥川城主	僧覚慶を救出 和田村に匿う	信長と幕府橋渡し	荒木村重と争い 戦死1571	高槻市伊勢寺 安土浄厳院
和田	定利	分家？惟勝孫？ 室町幕府被官	(和田村)	元幕府奉公衆 尾州黒田城主	僧覚慶を救出 和田村に匿う	信長配下	伊勢長島で戦死 1574	？
高山	右近	高山氏の出身 飯盛山で修業？	摂津高山村 (甲賀高山村)	松永・和田・荒木 配下	高槻城主	切支丹大名	(後出)	(後出)
山岡	景隆 景佐・景猶	毛枚村山岡氏 母和田惟政妹	栗太郡瀬田	瀬田城主 瑠所・石山城主	信長上洛支援 瀬田橋焼落す	天正伊賀乱鎮圧陣 秀吉により改易	毛枚村で殁	景隆の墓所は 毛枚村
山中	俊好 大和守	山中氏本家筋 (宇田村)	甲賀郡中惣旗頭 六角見切信長へ	安土城下整備 徳川寺本宝山ほか	天正伊賀乱鎮圧陣 神君甲賀越支援？	秀吉により改易 山中村で殁	？
多羅尾	光俊	近衛系多羅尾氏 1487～小川村 (多羅尾村)	小川城主	最大周辺3万石？ 六方山口基助養子	天正伊賀乱鎮圧陣 神君甲賀越支援	(後出)	(後出)

　甲賀から織田家に仕えた最初の人物ではないかと思われるのが池田恒利である。恒利は甲賀郡瀧村の出身で多喜氏（滝氏）の一族であったが、隣村の池田村の池田氏の養子となり池田を名乗ることとなった。最初室町幕府の奉公衆であったが、事情は分からぬが比較的若いうちに尾張の織田信秀（織田信長の父）に仕官したという。天文5年（1536）に恒興が生まれて2年後の天文7年（1538）に恒利は尾張で没するが、この間、妻養徳院が天文3年（1534）年に生まれていた織田信秀の三男（後の信長）の乳母となる。恒利自身の織田家での活躍振りは必ずしも明らかでないが、養徳院が乳母となった採用の経緯もよく分かっていない。

　池田恒興は恒利の嫡子である。恒興（勝三郎、信輝）は母養徳院が信長の乳母であったので、信長の乳兄弟として幼少時から信長の遊び相手であった。従って信長の信頼が厚く武将として出陣するよりは内政的な部分をより多く担当したものと思われ、後に犬山の城主となるが、大きな戦いでの武功は余り知られていない。信長時代の元亀元年（1570）に池田村の金龍寺の梵鐘に池田信輝が寄進した旨刻印されていたことが『甲賀郡志』（1）に記録されており、更に隣村同士の池田村と瀧村の共有の神社であった檜尾神社の本殿再建時の棟札に「天正8年（1580）庚辰11月28日願主池田勝三郎信輝」とあり（2）、恒興が母の出身地である池田村に寄進を繰り返していたことが分かる。

　織田軍団で四天王の一人と称された滝川一益が甲賀の出身者であることは一部の方にはよく知られている。甲賀郡瀧村の出身で伴・大原一族の多喜氏（滝氏）の出自を有し、一時父親と共に榑野村の滝川城にいたことが知られている。その後事情があって尾張へ行き織田信長に仕えたとされるが、その事情の一部とは池田恒興と滝川一益が従兄弟（父親同士が兄弟）であることであって、一益は恒興の紹介で信長に臣従することになったものと思われる。一益が大原同名中の一員であることを自ら認めた書状が田堵野村の大原本家に残されており（3）ほぼ間違いのない史実であろう。一益は織田軍団の中では初期に伊勢方面、長島一向一揆などの平定に貢献し、一時摂津方面に城持ちで活躍した後、後半には信州・甲州・関東方面に転戦し最後は関東御取次役として上州厩橋（現前橋）城に入った。本能寺の変の際には関東にあって敵に

包囲される状況となり、尾張へ戻るのに日数を要したため清須会議に遅れて出席できず、その後は秀吉に冷たくあしらわれることとなった。

　佐治為興（信方）は小佐治村の佐治氏の分家である隣村伊佐野村の佐治氏が室町幕府守護大名の一色氏の招きで尾張国知多半島大野城に城代として入城した後、三代を経てその間に大野城主となったものである。為興は信長の妹お犬の方を娶り、信長とは義兄弟である。つまり信長の妹お市の方を娶った浅井長政と同格の人物である。為興は大野を拠点に伊勢湾の制海権を持っており、信長からは伊勢湾の商業権の安定的確保と岐阜・近江・京都と進出して行く織田軍団の後方の守りを託されたのであった。大野佐治氏は浅井氏のようには信長に背くことが無かったので有名にはならなかったが、小佐治村の佐治家当主佐治為次には常に最新の織田軍団の動向が伝えられていて、甲賀武士たちには伊賀武士たちのように信長の実力を見誤って無謀な戦いを続けるということが無かったのである。つまり当時甲賀在住の佐治為次は信長の直臣ではなかったが、早い時期から信長政権に協力の立場を取り、甲賀武士団にあって冷静かつ敏感なアンテナの役割を果たしたのである。なお、荒尾氏は一旦絶えた家系を大野佐治氏が養子を入れて再興したもので、実質佐治氏即ち甲賀武士の分流である。

　和田惟政は和田（わた）村の和田本家筋の出自を有し、その家系は古くから六角氏の有力被官となり湖西での代官的役割を果たす一方（4）、室町幕府にも古くから奉公衆として勤めていたことが知られている。細川藤孝らと共に興福寺から僧覺慶（後の将軍義昭）を救出し、和田村（公方屋敷跡）で一時匿ったことで知られ、信長と義昭を繋ぐ役割を果たした。その後芥川城・高槻城の城主となるが、荒木村重とのいざこざで戦死した。

　和田貞利は和田村の分家筋の当主又は惟政の弟とも云われるが確定できない。尾張方面へ早くから進出し、信長の下で黒田城主となるが、天正2年（1574）伊勢長島での一向一揆との戦いで戦死した。嫡子が後に家康から感状を受け取った和田八郎定教である。定教は天正9年（1581）の天正伊賀乱には惟政の息子と共に織田軍の一翼として伊賀へ攻め込んでいる。

　高山右近は父高山友照が甲賀の高山村の高山氏の出自とされ右近も甲賀の血を受け継ぐとされる。特に幼少期には本貫地の高山村に戻り飯道山で修業したという。松永久秀の下で信長に反抗するなど、必ずしも信長の信任厚い臣下とは言えないが、最終的には高槻城主として織田政権に貢献した。

　山岡景隆・景佐・景猶の兄弟は毛枚（もびら）村を本貫地とし栗太郡瀬田へ進出して約100年になる元甲賀武士山岡家の一族である。父は瀬田城主山岡景之（景信）母は和田惟政の妹（または娘とも）で、信長の義昭を奉じての上洛に際し六角氏の意向に反して信長軍を受入れ通過させたばかりでなく、その後も信長の上洛時には常に定宿の如く信長一行を受け入れた。天正9年（1581）の天正伊賀乱に際しては織田軍の一翼として信楽口から伊賀へ攻め込んでいる。また本能寺の変直後には、明智光秀の申し入れを断り、瀬田の唐橋を焼き落とし明智軍の安土への進軍を遅らせたことで有名である。

山中俊好は宇田村の山中両惣領家本家筋の出自を有し、甲賀郡中惣の有力者として振る舞っていたが、野洲川原の戦いに於ける敗戦の後、甲賀武士の六角方から織田方への転向を中心になって取進めた模様で、その後も信長の安土城下建設に甲賀の資材を大量に提供する役割を演じている。（5）また天正9年の天正伊賀乱に於いて俊好は織田軍の一翼として甲賀口から伊賀へ攻め込んでいる。傍系の山中長俊はこの時期柴田勝家軍の一翼を担っていたと云われ、広い意味で織田軍団の一員であった。

　多羅尾光俊は、古来近衛家の荘園が存在した信楽に近衛家が残した御落胤がその後多羅尾氏を名乗り、荘官として成長する過程で長享元年（1487）同じ近衛家の武門の出である鶴見氏が治めていた小川城を攻め取った一族の末裔である。甲賀武士団の中ではやや特異な行動をすることが多かったと云われ、六角氏からも比較的早くから離反し、織田氏にも早い時期から接近し、最終的には織田政権下で3万石相当の扱いを受け、信長の命で五男藤左衛門光広を宇治田原の山口甚助の養子に出すとともに、天正9年（1581）の天正伊賀乱にも息子達と共に織田軍の一翼として信楽口から伊賀へ攻め込んでいる。

2．豊臣秀吉に臣従した甲賀出身者

　秀吉に仕えた甲賀出身者の多くは信長時代の引き継ぎである。秀吉が独自に迎え入れたのは中村一氏、施薬院全宗、木喰応其くらいである。秀吉は甲賀武士を早々に改易（取り潰し）したし、甲賀武士たちも秀吉を嫌っていたので進んで秀吉に臣従することが無かったのである。

氏	名	出自	出身地(本貫地)	地位	事績	役回り	投地	墓所
				2)豊臣秀吉に仕えた甲賀出身者				
中村	一氏	瀧村多喜氏? 妻池田恒興女	(瀧村)	長浜城で200石 岸和田城主 駿府城中城主	初代水口城主	三中老?の一人 関ヶ原では東軍	1600駿府で没	静岡市臨在寺
池田	恒興・元助	恒利息・恒興長男	(池田村)	兵庫城主1581 大垣城主1583	山崎の合戦参戦	清洲会議出席 秀吉に同調	1584小牧長久手の戦で共に戦死	京都妙心寺? 岐阜池田町?
池田	輝政	恒興二男 (池田村)	先妻中川清秀女 後妻家康女督姫 吉田城主	豊臣娘下聟 秀次に付属	秀吉家康の無利会見 秀次に満座せず	(後出)		(後出)
池田 羽柴	長吉 藤三郎長吉	恒興三男 (池田村)	1581秀吉聟子	1585播州三万石 名護屋城で兵站督	豊臣一族の扱い	(後出)		(後出)
佐治	一成	大野佐治五代目 佐治為興女	(小佐治村)	父浴後大野城主	お江と結婚	小牧長久手の戦 後離婚・改易	伊勢織田信包へ 1634京都で没	京都竜安寺
山中	長俊 山城守	山中氏分家筋 山中為俊息	(酒人村)	六角最後の側近	柴田の将で敗戦 丹羽・堀の食客	秀吉の祐筆 1万石相当	1607京都で没	西教寺
多羅尾	光俊	近衛系多羅尾氏	1487~小川城 (多羅尾村)	秀吉に改易され のち復活	小川城主8万石 秀次に満座せず	秀次の側近 家康が教授	(後出)	(後出)
高山	右近	高山有照息	摂津高山村 (甲賀高山村)	高槻城主	山崎の合戦に参戦 城主派と加到派へ	切支丹大名	家康マニラへ追放 1615マニラで没	行方不明? 石川県?
施薬院	全宗	不詳 飯道寺で修業	三大寺院?	曲直瀬道三に医学び秀吉侍医	秀吉主治医 延暦寺東堂復興	延暦寺復興中心 秀吉資金活用	1599京都で没	京都十穂寺
木喰	応其	六角浪武士の末裔	東近江市 飯道山で修業	高野山の客僧	秀吉焼打ち阻止 高野山堂塔整備	高野山代表で交渉 秀吉資金活用	1600飯道山へ戻り 1608没	飯道山上 高野山奥の院

　中村一氏は池田恒利や滝川一益と同じ瀧（多喜）村の出身である。池田恒興の娘を妻にしており、出自も彼らと同じ伴・大原系の多喜氏とされるる。若い時から秀吉に仕え、秀吉の長浜城主時代に200石取りに出世したのが昇進の始まりという。天正13年岸和田城主から水口（現水口岡山）城主になる際、秀吉の「甲賀ゆれ（甲賀破却）」を現場で指揮し、ほとんどの甲賀武士を改易・追放した甲賀で最も評判の悪い甲賀出身の武将である。その後豊臣政権の中で出世を続け、家康の江戸移封後の駿府府中城主となり、秀吉没後には五大老、五奉行の中間の三中老の一人となった。しかし、関ヶ原の役直前に東軍に与し、戦後息子一忠が米子城主となった。

池田恒興は本能寺の変の時兵庫城主であって、山崎の合戦に秀吉方で参戦して勝利に貢献し、織田家の宿老として清須会議に出席して秀吉の意見に賛同することで会議の方向を秀吉有利に導く重要な役割を果たした。しかし2年後の小牧長久手の戦で恒興は秀吉軍の一翼として出陣し、長男元助と共に戦死した。このため両名の墓所が岐阜に置かれ、池田家の出身地があたかも岐阜池田町であるかの如く長年誤解される原因となった。

　池田輝政は池田恒興の二男である。輝政が小牧長久手の戦で生き延びた結果、秀吉は恒興と元助を戦死させたことに負い目を感じたのであろうか、輝政と弟の長吉を大事に用い、輝政は大垣城主・岐阜城主・吉田城主等を歴任すると共に、のちに豊臣姓を与えられ秀吉の幹部で家康の娘督姫を後妻として娶ることとなった。また関白秀次に付属していたが、秀次事件では関係者のほとんど全員が処刑されたのに対して、輝政のみは一切の罪を問われなかったという。

　池田長吉は池田恒興の三男である。1581年には秀吉の猶子となり、羽柴姓を名乗っている。兄の輝政同様豊臣一族並みの扱いで優遇され、2万2千石を与えられている。

　佐治一成は大野佐治氏佐治為興の嫡子である。為興が伊勢長島で戦死してのち大野城主となり、本能寺の変の後、秀吉の幹旋で浅井の三女お江（実は母親同志が実姉妹で一成とは従兄弟に当たる）と結婚する。しかし小牧長久手の戦いに於いて一成が家康寄りの行動をしたと秀吉から疑われ、改易された。一成は伊勢湾を渡り、対岸の伊勢へ落ち延びたという。

　山中長俊は柴田勝家配下の武将であったが、賤ヶ岳の戦いに於いて敗戦して一旦無役となるものの、その後丹羽長秀、堀秀政と寄食し、最終的には秀吉に認められて祐筆となった。事務官僚として有能であったらしく、伏見城や大坂城での働きぶりは関ヶ原の西軍敗戦後にも家康に認められた。

　多羅尾光俊は甲賀ゆれに際して他の甲賀武士たちと同様に改易されるはずであったが、たまたま小牧長久手の戦に向かう浅野軍を信楽で足止めしたために、浅野長政の幹旋で秀吉政権に加わることになった。その後浅野長政の娘を三男の嫁にもらって秀吉の姻戚にもなり、関白秀次の側近ともなり一時は8万石以上となるが、秀次の自刃の際に改易された。

　高山右近は豊臣政権下では高槻城主として貢献したが、キリシタン大名であったため秀吉の切支丹禁止令により大名を辞して前田家に寄食し、最終的には家康によりマニラへ追放され、同地で没した。

　施薬院全宗は飯道山の山麓三大寺村の出身或は三雲氏の出自とされるが、いずれも確証がない。ただ飯道寺で山伏の修業をしたのち延暦寺の里坊薬樹院で天台僧として修行中に織田軍による比叡山焼打ちに遭遇、戻る所が無くなり京へ出て当時飛ぶ鳥を落とす勢いの曲直瀬道三に医術を学んだ。その後全宗は認められて豊臣秀吉の侍医となり、比叡山焼き打ちに加担したこ

とに悩む秀吉から多くの金銀を引き出し、根本中堂を始めとする比叡山延暦寺の多くの堂塔の再建を行った。今日われわれが世界遺産としての比叡山を目にすることが出来るのは全宗のお陰である。全宗は甲賀武士ではないが戦国時代に甲賀から出た文化人として特筆すべき人物である。

　木喰応其は実は甲賀出身ではなく、六角氏系の武士の家系の出自を持つ東近江出身の人物である。ただし飯道山での修験道の修行の後、高野山に上り真言密教を学んだ。その最中秀吉による高野山攻めに合い、あわや比叡山同様の焼き打ちに遭いそうになった。この時応其は高野山を代表して秀吉と交渉し、高野山は抵抗を止め秀吉に焼き打ちを止めさせることに成功した。その後秀吉と親しくなり、秀吉から潤沢な資金を調達し、高野山の多くの堂塔の建立・整備を行った。高野山が比叡山と共に世界遺産として存在するのは木喰応其のお陰である。山中長俊と施薬院全総と木喰応其の三人が揃って秀吉や家康や蒲生氏郷と高野山上の連歌の会に臨んでいる記録（6）が存在する。秀吉の没後高野山での立場が弱まった応其はその後飯道山に戻り、その山上の庵で遷化した。

3．徳川家康に臣従した甲賀出身者

　徳川家康には元々三河の地元を中心に譜代の臣が多く、関ヶ原で急に東軍につき親藩となった地方大名（中村一氏も元は甲賀だがこの一例）を別にすると、武田の武将を結構な人数抱え込んだほかは、家康直下で働いた東海地方以外の地方出身の有力武将は多くない。その中で甲賀からの家康への臣従者は異常に多く、特に織田・豊臣と乗り越えて来た者達はかなり厚遇されている。

3）徳川家康に仕えた甲賀出身者

氏	名	出目	出身地(本貫地)	地位	事績	役回り	没地	墓所
池田	輝政	恒興二男 (池田村)	先妻中川清秀女 後妻家康女督姫	吉田城主 石田三成隣敵	関ヶ原東軍 姫路城主	外様だが最親藩 合計約百万石	1613姫路で投 高野山、姫路市	妙心寺、岡山市 備前市、宮津市
池田	長吉	恒興三男	(池田村)	秀吉没後 家康へ接近	関ヶ原東軍 鳥取城初代城主 水口岡山城開城	鳥取城初代城主 6万石	1614江戸で投	高輪東禅寺
中村	一栄・ 一忠	一氏弟 一忠は一氏息	(蔵村)	沼津城主3万石 関ヶ原10歳	関ヶ原東軍 伯耆 国米子城主	八橋城主3万石 伯耆守17.5万石	1600駿府で没 1609米子で投	静岡市臨在寺 米子市感応寺
山岡	道阿弥 景友	山岡景之四男	(毛枕村)	三井寺光浄院 2度出家1度還俗	関ヶ原で関路役	神君甲賀越の 甲賀百人頭預	1603伏見で投	京都知恩院
多羅尾	光俊	近江源系多羅尾氏	1487～小川村	小川城主	秀次に連座改易 1600信楽本4千石	神君甲賀越の 論功行賞	1609没	小川村大光寺
多羅尾	光太・光雅	光俊二男・三男	小川村 (多羅尾村)	1600永世代官職 1600光雅3000石	神君甲賀越支援 光雅駿府で代官	3～11万石代官 信楽所領安堵	光太1647没 光雅1636没	多羅尾村浄顕寺 小川村大光寺
山口	藤左衛門 光広	山口基勝養子 藤左衛門光俊六男	宇治田原 (多羅尾村)	元山口城主	神君甲賀越支援 秀吉により廃城	朝宮に隠居 戦後呼出し旗本	1647信楽で投	下朝宮村徳源寺
山岡	景長・ 景定(景友子)	景佐の息 農民(庄屋)へ	(毛枕村)	浜松より	関ヶ原東軍 関ヶ原東軍	旗本1500石 旗本200石		?
和田	定教・ 八郎	和田定利息 和田惟政娘?	(和田村)	黒田城主から帰農	神君甲賀越支援 6/12家康起請文	戦後息子が旗本	京都で投	?
美濃郷、武島、山中、 青木、黒川、山村など			関ヶ原の戦の後500～2000石の旗本となった者多数					

　池田輝政は秀吉恩顧の大名であったが家康の娘督姫を後妻に娶ったことが大きく貢献し、石田三成と敵対し、関ヶ原では東軍につき、戦後親藩として姫路城で百万石近い所領を得た。次の代では鳥取藩と岡山藩に分かれたが、合わせて60万石以上で西国大名たちに対する抑えとされた。

池田長吉も秀吉恩顧の武将であったが、兄の輝政同様石田三成と敵対し、関ヶ原では東軍で戦った。関ヶ原勝利の直後直ちに水口岡山城に攻め懸り、長束正家を城から追出し日野で自害に追いやった。数か月の水口城管理の後、鳥取城主となって赴任するが、今一つ家康と合わなかったのであろうか、鳥取城主の役は自分の息子ではなく、兄輝政の二男（実は家康の孫）に明け渡している。

　中村一氏は秀吉恩顧の大名であったが、元々石田三成とそりが合わなかったのか、或は駿府府中城主として、上杉征伐の道中にあって家康の大軍の前では反旗を翻せなかったのであろうか、関ヶ原の戦の少し前に東軍入りを決めている。しかし一氏自身は戦の直前に死去し、弟一栄や息子一忠らが関ヶ原に出向いた。戦後一忠は 17.5 万石の米子藩主（伯耆守）となるが、1609 年に 20 歳の若さで没したため後継者なく藩主返上となった。

　山岡道阿弥（景友）は山岡景隆の弟（四男）である。初め三井寺の光浄院で仏道修行をしていたが、一度信長の折に還俗し、秀吉の時代に再度仏門に入り光浄院主、秀吉の没後僧職のままで家康方に加担、関ヶ原では忍びを使って暗躍したとされる。戦後 9000 石で甲賀忍者「江戸甲賀百人組」の頭領となり、のちに上総国古渡藩の藩主となるが、直後に没したため藩主の地位は返上となった。

　多羅尾光俊は信長時代、秀吉時代とそれぞれ才覚で乗り切って来たが、家康から厚遇されたのは本能寺の変の直後の家康の堺から岡崎への逃亡劇を全面支援した功績を家康から認められたものである。多羅尾家は関ヶ原の戦の直前の段階で、既に信楽に於ける 4000 石以上の所領と 3 万石以上の徳川領の代官職を安堵されており、信楽代官職は江戸時代全期間延べ 11 代の世襲が実際に行われた。これらの実行は実際には関ヶ原の戦の後、代官職は光俊の二男光太に宛行われ、所領の安堵は三男光雅に対して実行された。二人は家康逃避行の際に既に支援の役割を果たしており、これらの実行は逃亡事件から約 20 年後の二人への論功行賞であった。

　山口藤左衛門光広は実は多羅尾光俊の実子六男であるが、信長の存命中信長の命令で宇治田原城主山口甚助の養子に出されていたのである。ここで本能寺の変が起こり家康一行が長谷川竹秀一の案内で宇治田原城に救援を求めて来たのであるが、この時山口甚助は既に病床にあったと思われ、半年後の翌年正月には病死している。よって実際に家康一行を接遇した光広のこの時の貢献を家康が記憶しており、光広は関ヶ原の戦い後家康から江戸へ召し出され 500 石の旗本になった。

　和田八郎定教は和田定利の息子であり、甲賀にあって家康の逃亡を支援する機会に恵まれ、人質を提供して支援活動を行った。家康から本能寺の変 2 週間後の日付の起請文形式の感状（7）を受領しており、家康逃亡劇に於ける甲賀越え支援実行メンバーの一人であることは間違いない。実際にはこれまた関ヶ原の戦決着後に惟政系統の和田氏と共に二家が旗本に起用されている。

山岡一族の者達は秀吉の甲賀ゆれで20年近く甲賀や浜松・駿府で逼塞していたが、関ヶ原では東軍に与し、甲賀越支援での貢献を認められ戦後道阿弥以外に二家が旗本に任用されている。

　その他美濃部氏、武嶋（竹島）氏など幾人かの甲賀武士が家康の危機を救ったとして旗本に取り立てられている。また篠山氏などこれとは別の危機を救ったとして旗本に任用された者もいる。

　更に青木氏・黒川氏・三雲氏・伴氏・上野氏などかつて有力甲賀武士であったが甲賀ゆれで秀吉に改易されて甲賀からは立ち退いていたはずの者達が結構多人数旗本に任用されている。個々の家系をつぶさに調べてはいないが、どうやら甲賀ゆれの後、豊臣政権の時代にあえて浜松、駿府、或は江戸と家康の懐に飛び込んで仕官した者であろう。また谷氏・山村氏等甲賀武士としては目立つ存在ではなくどちらかと云うと有力甲賀武士の被官であったと思われる者達も幾人か旗本に任用されている。混乱の時代の風を捕えて、やはり浜松、駿府、江戸でうまく役どころを得て成り上がった者達である。

　近江国の12郡の一に過ぎない甲賀郡からの江戸幕府への登用者数が、500石以上の旗本に限れば、伊賀国一国からの江戸幕府への登用者数の2倍以上であったと云われている。その上、甲賀郡からは大名も出ており、その家老たち（和田氏や荒尾氏など）も含めるとさらに差は開く。要するに戦国時代甲賀には多くの人材が集まっていたと云えよう。

　これらの人材は主として飯道山の修験道の修業の中で涵養され、里に下りては村での同名中惣や郡を横断する甲賀郡中惣の運営に携わり、或時は各地の大名から個人や団体で呼び寄せられては甲賀の忍び（甲賀忍者）として重宝され、自らの意思で他所の大名に武士として売り込んでは武将として大成して行くという具合に、道は分かれたが元は同根の者達であった。（以上）

参考資料

（１）　滋賀県甲賀郡教育會　「金龍寺」『甲賀郡志』　1926年　P785

（２）　鳥取市立歴史博物館　「檜尾神社棟札」『鳥取のお殿さま特別展図録』　2014年　P11

（３）　甲賀市　「滝川一益と大原同名中」『甲賀市史』第二巻　2012年　P279

（４）　渡辺俊経　「沙沙貴神社懸額」『甲賀忍者の真実』　2020年　P42、43

（５）　松岡長一郎　「安土の摠見寺を目指して」『甲賀から移された文化財』　2013年　P106

（６）　和歌山県立博物館　「文禄三年三月四日高野山上連歌会」『木喰応其展図録』　2008年　P66

（７）　天正十年六月十二日付け和田八郎定教宛て徳川家康起請文写　和田家

仕事場（帰ってきた甲賀者の活動と結果発表）

　こちらは実は当家の先祖たちが尾張藩との約束を守るために歴代馬小屋として用いていたゾーンですが、帰って来た甲賀者がこの20年間実際に研究活動を行ってきた部屋でもあります。

書斎　　　小論文・・・・・・・・・最新論考をお届けします
作業小屋　ブログ・・・・・・・・・日常発信（せいぜい週一回程度ですが）
納戸　　　外部発表記録・・・・・・帰って来た甲賀者の過去の活動記録
書庫蔵　　参考資料・・・・・・・・入手しにくい或は珍しい史料など

書斎（論考）
論考1　甲賀忍者に関する一考察

エジプト・ヒッタイト間の和平条約の粘土板

―『甲賀忍者の真実』の延長上にあるもの―
1．はじめに　　スパイの歴史

　　Terry Crowdyによると、「現存する諜報活動についての最古の記録は、ラムセス二世時代の古代エジプトとヒッタイトのあいだのカデッシュの戦い（BC1274頃）にまで遡る」という（1）。エジプトのラムセス二世葬祭殿など数か所の石壁面に残る記録によれば、北方遠征したラムセス二世とヒッタイト（現トルコ）から南方へ出向いたムワタリ二世がカデッシュ（現シリア）に於いて会戦した。この直前、ムワタリ二世が二名の斥候を放ちわざとエジプト側に捕縛されるように仕組み、ヒッタイト軍は未だ遅れていると偽情報を流した。この偽情報を信じたエジプト軍は未だ十分早いと思い長蛇の列をなして進軍していた。カデッシュに到着して野営を始めた先頭の軍団が偶然に捕縛した別の二人の斥候を追及した所、先の情報が偽情報で実はヒッタイト軍は目前に隠れていることが判明した。慌てて後方の軍団に急いで集結するよう連絡したが時すでに遅く第二軍団は渡河中に横からヒッタイト軍の戦車部隊の急襲を受け壊滅した。その後ヒッタイト側の緩みとラムセス二世の奮戦でエジプト側は何とか敗戦せずに済み、結果双方痛み分けとなった。以上が世界最古のスパイ活動の記録であるが、スパイ活動とは人類の争いや専制統治中の人民の中で相手を欺くあらゆる行為を意味するという。

　　因みにこの数年後（BC1269頃）にラムセス二世とハットウシリ三世の間で締結された和平条約は、エジプトの6ヶ所の碑文にはエジプト語のヒエログリフで、ハットウシャ（ヒッタイト

の首都）から出土した粘土板にはシュメール語から借りた楔形文字を用いて当時の国際語であったアッカド語で、同内容が同時記録されている。記録された世界最古の国際和平条約であるとしてこの粘土板のレプリカがニューヨークの国連本部の安全保障理事会の壁際に展示されている。

さてこのカデッシュの戦いは孫子の兵法が世に出るより凡そ700年早く、「忍術の始まりは孫子の兵法にあり」などという主張が馬鹿げていることを明白に示している。同様に韓国で云われているスルサ根源説や日本国内での聖徳太子、大海人皇子、楠正成などの有名人を忍者の始祖の如くに主張することにも無理がある。人類の争いが始まって以来、この様なスパイ活動はいたるところで日常的に行われていたものと類推されるので、少々のスパイや間諜の記録が出て来たからと云って、それは忍者の存在を示すなどとはとても云えないのである。

では甲賀忍者や伊賀忍者は、人類の歴史始まって以来存在すると考えられるスパイ達と何処が違っていて、"甲賀忍者・伊賀忍者"と呼ばれているのであろうか。

2．甲賀忍者とは
2－1甲賀忍者の誕生とその後
古代の甲賀には、近江朝廷軍の兵たちが甲賀を移動した記録や源平合戦で甲賀の一部が戦場となった記録はあるが、基本的に源平の親族以外の一般の甲賀の者達が参戦した或は甲賀武士が存在したことを示す積極的な証拠はない。

鎌倉時代には鎌倉から派遣されたいわゆる西遷地頭が甲賀に幾人か存在した可能性はあるが、武門としての目覚ましい活躍の跡は見当たらない。しかし南北朝期に入ると山中氏・柏木氏・美濃部氏・小佐治氏・神保氏など多くの甲賀の地侍たちが北朝方として、また頓宮氏・多羅尾氏・小河氏など一部が南朝方として参戦している（2）。この時例えば北朝軍で云えば足利尊氏・佐々木高氏（道誉）の軍勢催促を受けて、甲賀の武士たちは歩兵のサポートを受けつつ騎馬で戦闘する当時の通常兵力として北朝軍に従っている。

室町時代には山中氏の一部は一時細川政元家の数千の兵を預かる等通常兵力の指揮官として活躍しており、また室町幕府将軍の親衛隊である奉公衆として岩室・多喜・佐治・服部・大原・鵜飼・望月等多くの甲賀武士やその被官であったと思われる種村・玉木・亀井・塩合などが京都で活躍した（3）。同じ時期近江の国の地元では別の甲賀武士たちが六角氏の被官となり、その中には和田氏や三雲氏のように上級幹部に出世するものもいるが、大半の甲賀武士は必ずしも六角氏と濃密な主従関係で結ばれている訳ではなかった（4）。

ところが長享元年（1487）、時の室町将軍足利義尚が近江守護六角高頼を攻めるため京都から近江へ攻め込んだ長享の変（鈎の陣とも）において、高頼が居城の観音寺城を捨て甲賀へ逃げ込んだ時、攻め込んでくる幕府軍に対して甲賀武士たちが高頼を守ってゲリラ戦で応戦し、

一年半の間守り切ったのであった（5）。一年半後義尚は栗太郡鈎の陣中で死去し、母親の日野富子に見守られて京都へ戻る義尚の遺骸と共に、全国から動員されていた兵たちもそれぞれの故郷へと帰っていった。そして兵たちが故郷で語った「甲賀にはすごい忍びが居た」といううわさが全国に広まり、戦国時代の始まりと共に各地の大名から甲賀武士への勧誘が引きを切らなかったという。戦国時代から江戸時代に成立したとする全国各地に 50 余りある忍術流派の内 80％近くが甲賀または伊賀に起源を有するとする川上仁一氏の研究結果がそのことを裏付けている（6）。甲賀の忍びはこの時世間様の推挙で生まれたのである。

この様な事実はなく甲賀の者達のねつ造であるとする見解は存在するが、鈎の陣所の存在も、義尚の陣中死去も、その間甲賀武士が負けたことはなく高頼を守り切ったことも全て歴史上の事実であって、目的を達成することなく大将が死んで軍を引いたのは敗北以外の何物でもなく、甲賀武士たちの勝利であることは誰も否定できない。ウクライナに於ける首都キーウと大統領をロシアの攻撃から守ったウクライナ軍の働きを誰も勝利と云わないでおけないのと同様である。

この時、甲賀武士たちの一部は高頼の被官であったが、全員が高頼の指揮下にあった訳でなく、むしろ甲賀武士たちは自分たちの意志と合議で自律的自主的に戦闘を行ったことが重要である。即ち甲賀武士たちは高頼つまり六角氏に必ずしも隷属しておらず（7）、「戦時には協力」という言わば六角氏との契約を履行するために甲賀武士団として行動したのである。従って戦場では高頼が指揮を執るのではなく、地元に詳しい甲賀武士たちが共同で戦闘方針を決めたのである。

その後何らかの形で記録に残る甲賀武士たちの活動としては、「鵜殿退治」とよばれる夜討・火攻めの上郡城の戦い（8）、「神君甲賀伊賀越え」と呼ばれる家康の逃避行への甲賀武士たちの協力（9）、伏見城への百人余りの甲賀武士の籠城参加（10）など徳川家康への協力が目立つ。しかし伏見城で籠城した際城代鳥居元忠の指揮に従った外は全て甲賀武士たちが自主的に活動しており家康が甲賀武士を直接戦場で指揮することはなかったものと思われる。実はこの籠城戦で長束正家による裏切りの呼びかけに応じた者が十数人発生したのは、元忠による指揮統制が甲賀武士に対して伝統的理由で緩かったせいで隙が生まれた為であったかも知れない。

2－2江戸時代の甲賀忍者

平成 8 年（1996）鬼頭勝之氏による尾張藩「甲賀五人」文書の発見（11）により江戸時代少なくとも 190 年間は木村奥之助と五人の甲賀の忍びそしてその子孫たちが尾張藩の忍び役を務めていたことが明らかとなった。その後も「渡辺俊経家文書」（12）や甲賀の地元の各種文書更に「杣中村木村本家文書」（13）などによって江戸時代の尾張藩甲賀忍者の存在はゆるぎない歴史上の事実となった。更に岸和田藩甲賀士五十人に関しても少しづつその忍者性が明らかになりつつあり、江戸時代甲賀にいて百姓の身分でありながら、尾張藩や岸和田藩に於いて忍びの役に付く者達がいたことは明白である。

3．リアル甲賀忍者見参
3－1「リアル」の意味　　その１

　この様に生身の生きた甲賀忍者が戦国時代と江戸時代に実際に存在したということは伝承としてはよく知られていたが、歴史学会では怪しげな存在であるとして少なくとも2000年以前は余り相手にされず、無視されて来た。しかし2017年文化庁により甲賀市・伊賀市が共同で日本遺産に登録され、「リアル忍者」発祥の地とされたのである。この時甲賀市・伊賀市から共同で文化庁に提出された日本遺産認定の申請書（14）には次の様に記述されている。（下線は筆者）

　「忍びの里　伊賀・甲賀　－リアル忍者を求めて－
　忍者は今や様々なエンターテイメントを通じてスーパーヒーローとして描かれ、世界の多くの人たちが魅せられている。忍者の名は広く知られていても、その実像を知る人は少ない。伊賀・甲賀は忍者の発祥地として知られ、その代表格とされてきた。
　複雑な地形を利用して数多の城館を築き、互いに連携して自らの地を治め、地域の平和を守り抜いた集団だった。豊かな宗教文化や多彩な生活の中から育まれた忍術の世界。忍びの里に残る数々の足跡を訪ねれば、忍者の真の姿が浮かび上がる。
　伊賀・甲賀、そこには、戦乱の時代を駆け抜けた忍者の伝統が今も息づいている。（後略）」

　これは、忍者発祥の地にいながら歴史学会に忖度して遠慮していた甲賀市・伊賀市の学芸員が、それまで胡散臭い存在とされてきた忍者が甲賀や伊賀では生身の忍者として実在していたことを、勇気を出して宣言したものであり、文化庁がそのことを公式に認めたものであると云える。

3－2「リアル」の意味　　その２

　では甲賀忍者たる戦国時代の甲賀武士とはどんな人物達であったのか。よく知られているように、この時代の甲賀武士は村々に住む地侍達であり、彼等は村にあっては大百姓として「同名中惣」という村の自治組織の担い手であり、村の外に対しては村を守るための城を持つ武門であると同時に周辺ないし郡内全域との交渉の代表者であり、時には「地域の連合惣」や「甲賀郡中惣」と称する自治組織の運営者（奉行人）でもあった（15）。

　蛮行を行う人間が一人でも居た時、それを説得しかつ自らをも律することのできる「力もありバランスの取れたレベルの高い人間」が多数人いて話し合いで解決することができれば蛮行を封じることが出来るが、自治を行うことの難しさはそんな格別に有能な人間を多数集めることは易しくはない点である。ウクライナに対するロシアの蛮行を世界の皆が話し合ってもなお解決できないことを見れば、話し合いで物事を解決することがいかに難しいかは明白である。

　しかし戦国時代の甲賀や伊賀には「力もありバランスの取れたレベルの高い人間」が多数いて、その者達が甲賀や伊賀で合議制の自治を行っていたのである。つまり、今からおよそ500年前、村や地域や郡域において世界に冠たる共和的自治を実行したのが「力もありバランスの取れたレベルの高い人間」である甲賀武士や伊賀武士なのである。

この甲賀武士が甲賀忍者として活動した時、たとえ強力な外部指揮官が不在であっても、当然彼らは強い自律性や高度な自主性を発揮して躍動することが出来たのである。このような高い自律性・自主性こそが甲賀忍者の本質であり、リアル甲賀忍者の「リアル」とは実は当初の「生身の」という意味を越えて、「本当の、本物の、真実の」という意味を持つと解する必要がある。

４．リアルでない忍者達（Non real- ninja）（Unreal ninja ではない）

少なくとも四つのカテゴリーのリアルでない忍者がいることを指摘しておきたい。第一は空想から創造された虚像の忍者である。江戸時代に創作・流布された読本、歌舞伎に登場する忍者から始まり、明治末期大正初期に流行した立川文庫の忍者達、太平洋戦争後に小説・マンガ・映画・TV アニメ・ゲームなどに登場する人間離れをした忍者達である。これに海外で誤解されて思い込まれている「忍者とは殺人鬼である」とする思想を体現する空想上の忍者達もこのカテゴリーに加えなければならない。

第二は隷属したスパイ達である。「１．はじめに」の項で述べた如く人類の争いの歴史の初期から存在したと考えられる国家や地域や組織に隷属してうごめいたスパイ達は、言わば使い走りの下っ端スパイであって、決してリアル忍者ではない。孫子の間諜や古代朝鮮半島のスルサなども同様であり、日本の歴史上の人物もリアル忍者ではない。

第三は実際には存在しない「忍術という名の武術」を体得していると称して無敵であるかの如く振る舞う武術集団である。日本国内には比較的少なく、護身術として役立つなどと云って女性を門弟とするなど海外に多いが、その海外の誤解者たちを創り出した元凶は日本国内にいる。そもそも忍術と云う武術は存在しないし、仮に特定の武術を会得したからと云って本物の忍者たり得ない点で生身であっても明らかにリアル忍者ではない。

第四は戦国各大名や江戸時代の各藩に採用されて忍び役とされていた者達である。大半の大名国や藩では業務として忍び仕事を行うために特定の組織に属しその藩に 100％隷属していた点で彼等は本来第二のカテゴリーと同じリアルでない忍者といえる。但し、江戸時代の尾張藩と岸和田藩では甲賀に百姓として在住し、忍び仕事の際に藩へ出向きその時のみ藩の一員となるとされ、尾張藩の例では藩は忍び役五人の甲賀での事件に介入することを意図的に避けたと思われる対応をしており（16）、甲賀五人は 100％尾張藩に隷属している訳でなく、尾張藩はその点で自律性や自主性を担保していて尾張藩甲賀五人はリアル忍者であったとも云える。即ち戦国時代に家康と多くの仕事を共にしながらも、家康に隷属はせず、自律的かつ自主的に活動したリアル甲賀忍者の有り様と類似している。

５．忍者の座標
５－１平面座標

世の中の忍者達の中には多くのリアルでない忍者がいることが判明したので、リアリテイ軸（実在性と仮想性）と人間性軸（知性理性と暴力性）の二軸を用いた平面座標上に忍者達をプロッ

トして見た。リアル甲賀忍者は想定通り第一象限の右上方に位置した。

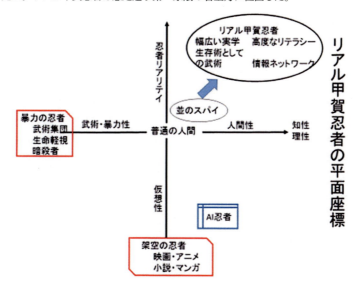

5−2 立体座標

　リアリティ軸と人間性軸に独立性軸（自律性・自主性と隷属性・従属性）を加えた三軸で立体座標を作り忍者達をプロットした。リアル甲賀忍者が右手前上方に来るのは当然として、何をもって並のスパイと区別して普通の忍者とし、その普通の忍者に相当する者達をどう見つけ出してゆくのかが今後の課題となる。

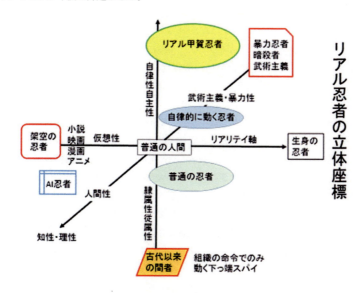

6．あとがき

　戦国時代、甲賀武士は徳川家康と多くの忍び仕事を共にしたが、その時甲賀武士は常に自律し自主的に行動し、家康も甲賀武士を自分に隷属させようとはしなかった。しかし江戸時代となって家康の方針は変わり、甲賀武士をも江戸幕府や各藩の組織に取り込んでいった。尾張藩も初代藩主義直の時甲賀者を 20 人ほど採用し、藩の組織に組み込もうとしたと思われるが、どうやら甲賀武士とうまく行かず一旦全員解雇した。第二代藩主光友の時再度採用した甲賀の者達が木村奥之助と甲賀五人である。木村奥之助は武士として尾張藩内に取り込まれたが、甲賀五人は甲賀在住で百姓身分のまま「尾張藩に出入りした時のみ尾張藩の忍び役人となる」という変則契約を結んだ（17）。このことはひょっとして戦国時代のリアル甲賀忍者の自律性・自主性を別の形で甲賀忍者に担保した結果でなかろうか。

　翻って、戦国時代或は江戸時代の甲賀・伊賀以外の戦国大名や藩主に隷属していた間者たちは果たして本当の忍者であったと云えるのであろうか。敢えて問題提起したい。（以上）

参考文献資料

（1）「第一章古代」Terry Crowdy 著『スパイの歴史』P17　日暮雅道訳　東洋書林 2010

（2）「山中道俊・頼俊軍忠状」『山中文書』及び「小佐治基氏軍忠状」『小佐治佐治家文書』

（3）「甲賀奉公衆」『甲賀市史』P230

（4）村井祐樹「佐々木六角氏家臣団の実像」『戦国大名佐々木六角氏の基礎研究』2012

（5）「六角征伐と甲賀」『甲賀市史』第二巻 P190 及び「山賊の望月、山中、和田という者を頼み、同国甲賀山のなかに隠れて、行方知れずになりにける」『重修応仁記』

（6）川上仁一「全国の忍術流派」『神道軍傳研修所』ホームページ 2008.4

（7）守護高頼発給文書は主として非支配地の高島の朽木氏と甲賀の山中氏、望月氏にしか出されておらず甲賀も非支配地の認識か。新谷和之編著『近江六角氏』P148 戎光祥出版 2015

（8）平野仁也「上ノ郷合戦に関する考察」蒲郡市教育委員会『上ノ郷城跡 I』2012

（9）渡辺俊経「神君甲賀伊賀越と甲賀武士」『甲賀忍者の真実』P111　サンライズ出版 2020

（10）「願書（甲賀古士奉公）」『渡辺俊経家文書』No.16

（11）鬼頭勝之「尾張藩における忍びの者について」『地方史研究』263 号 P69　1996

（12）甲賀市教育委員会『甲賀武士・甲賀者関係資料集 I 渡辺俊経家文書』2017

（13）甲賀市教育委員会『杣中村木村本家文書』（未刊行）

（14）甲賀市「忍びの里伊賀・甲賀―リアル忍者を求めて―」『日本遺産認定申請書』2017

（15）「甲賀郡中惣の活動」『甲賀市史』第二巻 P220　2012

（16）尾張藩は甲賀での甲賀五人と水口藩とのもめ事への介入を避けており、甲賀五人への少々の金子の支給で片付けようとの姿勢が顕著。甲賀市『渡辺俊経家文書』No.12

（17）「由緒書」『文化十一年達書并願留』及び「昔咄」第二巻『名古屋叢書』第 24 巻 P146

論考2　天正伊賀乱（信長の伊賀攻め）について

甲賀伊賀国境の航空写真

　天正伊賀乱については昭和の時代でも伊賀の各市町村史で軍記物小説である『伊乱記』をなぞったことしか書かないという異常さであった。やっと平成に書かれた伊賀市史で『伊乱記』が否定され『信長公記』の方が正しいと云われるようになったばかりである。しかしそれでも伊賀市史にはまだ『伊乱記』に頼る部分がある (1)。

　今春以来天正伊賀乱の現地を廻るに当たり若干周辺の事情を当ってみたところ、どうやら従来の認識が大幅に間違っていることに気が付いた。その辺りを冷静に見てみたい。

天正伊賀乱（信長の伊賀攻め）の実相
　　2024.8.1　　近江歴史回廊倶楽部　渡辺俊経

0．はじめに
　（第二次）天正伊賀乱とは天正9年（1581）9月信長が4～5万人の兵力で伊賀を総攻撃し、今でも3万人以上の死者が出たと伝わる殲滅作戦で、伊賀の国人一揆を完全排除し伊賀国を支配下に置き織田領とすることができた一戦であるが、なぜか"無抵抗の伊賀の農民を何万人も虐殺した"と比叡山焼打ちと同じように信長を非難する論調で語られることが多い。しかし本当に信長だけが非難されるのが正しいのであろうか。

　そもそも天正7年（1579）南伊勢の北畠信雄（信長二男）が伊賀へ進出したのに対し、伊賀の国人たちが一揆を組んで反抗し、北畠勢を伊勢へ追い返した第一次天正伊賀乱での敗北を取

り返すべく、やられたらやり返す戦国時代の作法通り、2年後に織田軍が反撃しただけのことである。そこで何が起こったのか少し冷静に状況を眺めてみたい。

1．天正伊賀乱（天正9年（1581））勃発の時代背景
1）全般的な時代背景

　天正9年（1581）第二次伊賀乱が始まるまでの国内政情としては、元亀2年（1571）比叡山焼打ち・浅井朝倉滅亡、天正元年（1573）室町幕府滅亡、天正3年（1575）長篠の戦で武田軍敗北・信長包囲網崩壊、天正7年（1579）安土城完成、天正8年（1580）石山本願寺で勝利して和睦、天正9年は織田信長の政権が本願寺対応を終え、数か月後には武田勝頼との最終決戦が行われ東海・畿内の政権から全国の政権へ向かおうとする時期である。

　この間の動きを織田政権の内部から見た時、周辺国を平定・服従させつつ、本拠地を清州⇒小牧⇒岐阜⇒安土と移転・進出し、室町幕府第15代将軍義昭を排除し、京都の朝廷ともよしみを通じ、延暦寺、長島一揆、石山本願寺など宗教勢力を排除でき、畿内もある程度掌握した中で、未だ織田政権にまつろわぬ者達が、伊賀と紀州であった。

2）伊賀と周辺の地域情勢

　この時期の畿内と周辺国の地域情勢としては、伊勢は北畠家との確執や長島一揆や北伊勢衆の反乱を平定して最早や織田（北畠）領として安定期に入りつつあり、近江は北の浅井と南の六角を排除でき、比叡山も支配でき、安土を中心に完全な織田領であった。甲賀武士もこの時点では100％信長に臣従していた。山城も幾度かの危機を乗り越えて三好・松永を排除でき奥の丹波・丹後の平定も含め織田領となっていた。大和は興福寺や三好を排除でき、筒井順慶を通じて織田領となった。河内・和泉については堺を直轄地とし本願寺勢力の排除をもって最終的に織田領となった。

　残るのは伊賀と紀伊であった。紀伊は高野山と根来寺に残る真言勢力と雑賀衆を中心とする国人衆が織田に服しておらず、伊賀は「丸山城」の建設を巡る天正7年の第一次伊賀乱で一万余の北畠（織田）信雄軍が千人ほどの伊賀の国人一揆衆に敗北していた。

　天正9年の時点で甲賀衆は全て信長に従っていたが、大きくは三つのグループに分けることができる。第一のグループは池田・滝川・和田・佐治などの古くからの織田シンパともいえるグループである。彼らは織田軍団の中での活躍が華々しく、甲賀の本貫地での親織田活動はそれほど目立たない。第二のグループは多羅尾氏や山岡氏・山中氏等主として永禄から元亀末に織田に臣従した者達である。彼らは後から参加したハンデキャップを取り返すため出兵・護衛・安土城建設等に極めて積極的に参加している。第三のグループは六角氏に最後まで従っていたために織田氏への臣従が遅れ、いまだに気まずさやわだかまりがあって踏み込めずにいる三雲氏、望月氏、鵜飼氏などのグループである。

34

【参考1】甲賀側ミニ地域事情

和田氏 ：和田惟政の妹（又は娘）が山岡兄弟の母親、つまり両家は親戚　多羅尾・山岡家間、
多羅尾家・和田家間にも婚姻関係の可能性

多羅尾氏：二万石相当とは400〜600人の兵力に相当、馬も数十頭保有か、乱後一万石加増、
三井寺勧学院に出していた　藤左衛門光広が信長の目に留まり山口甚助の養子に

山口甚助：織田政権から宇治田原（2〜3万石相当？）を安堵、但し病身か半年後に死去、
その前に多羅尾から養子受け入れ

山岡氏 ：瀬田城、石山城、膳所城を信長から安堵され、5男を三井寺光浄院へ派遣

山中氏 ：山中俊好は安土城下建設に積極的に協力、山中長俊は柴田勝家の与力

3）第一次天正伊賀乱

信長の二男北畠信雄が義父の北畠具教を追い落とし伊勢での権力を確立した後、天正7年伊賀への進出の手がかりにすべく中断していた伊賀の丸山城の建設を信長が再開した。これに対して伊賀者としての反発と旧主北畠への恩儀からの信雄への反発が合わさって、伊賀衆が城の建設を妨害し関係者を伊勢へ追い返した。そこで信雄は信長に無断で1万とも云われる軍を起こし伊賀へ攻め込んだが、伊賀衆に事前に動きを察知され、信雄軍が1千余の伊賀衆部隊に惨敗し、伊賀から追い出された。

【参考2】丸山城

伊勢の国司であった北畠具教（とものり）は元々伊賀への進出を目指しており、南伊賀の（現名張市域の）北畠系国人たちを動員して丸山城を建設しようとしていたが、織田家による北畠家支配が進む中で丸山城の建設は中断されていた。

2．天正伊賀乱の攻め口と全進攻ルート
1）天正伊賀乱に関する文書史料

二男信雄の暴走に怒った信長であったが、平成7年当時は直ちに出陣する余裕がなく、本願寺門徒衆との争いの決着を待つ必要があった。万全の準備を整え、信雄が総大将として、近江の国人衆を主力とする5万とも称される大部隊で出陣した。

侵攻の様子を伝える同時代文書は『信長公記』の外に少なく、特に地元に伝わるのは『伊乱記』など江戸時代前中期以降の軍記物や明治期に史実風に書き替えられたもので潤色が激しくそのままでは信頼できない。しかし『信長公記』も現地情勢を正確に伝えきれてはいないので、地元でしか分からぬことは後世のものであっても加味して理解すべきである。

そこで、最も信頼できる『信長公記』をベースにして、同時代性を担保するために『多門院日記』等の同時代史料による確認が有効であり、現地事情の疎さと云う致命的な欠点を補うには現地の小説等の三次史料も注意深く加味したい。

【参考資料３】

天正伊賀乱に関する文書資料

文書名	成立時期	著者	天正伊賀乱に関する記述の性格	史料価値	信頼性判定
『多聞院日記』	文明10年(1478)～元和4年(1618)	興福寺の塔頭多聞院の僧英俊など院主三代	旅人、弟子、末寺等からの伝聞を記録	同時代性で優れるがやや不正確	○ 同時代史料
『蓮成院記録』	『多聞院日記』の付録の位置付け	興福寺蓮成院僧朝乗ほか	伝聞の記録	同時代だが信頼性やや低い	○ 同時代史料
『五師職方日記抄』	天正期の信長との交信を記録	興福寺関係者	伝聞の記録	同時代だが信頼性やや低い	○ 同時代史料
『信長公記』	慶長8年(1603)頃	太田牛一、元織田家馬廻り役	政権中枢から取材しており全容として正確	全体的に正確で信頼できるが現地事情に疎い	◎ 二次史料だが取材は同時代
『勢州軍記』	寛永12～13年(1635～6)	神戸良成(蒲生氏郷の家臣の子孫)	奥州・四国と移転後伊勢へ戻り取材	伊勢では地元取材しているが、微妙に他所のこ	△ 二次史料、軍記物
『伊乱記』	延宝7年(1679)	菊岡行宣(如玄)	信長憎しを刀に伊賀者の勇者ぶりと悲劇を小説化	誇張や創作が多く、個々の記述は信頼できない	✖ 三次史料、軍記物

２）戦いの全容を総括すると

　織田軍は天正９年９月３日近江衆を主体とする３万の主力が北方４，５口から伊賀へ侵攻し、これに若干の伊勢の軍勢と大和の軍勢が加わり、２週間で伊賀全土を平定した。

３）織田軍の編成と兵站と攻め口

　天正伊賀乱は安土に於いて信長によって実行が決定されており、定石通り地元である近江の兵が先峰と主力を務めることが決められている模様である。この中には甲賀の兵も参戦することが謳われており、この時期の近江の兵は手柄をたてる必要のある時期であり、士気も高く、近江国70万石相当の２万人程度が集まったのではないか。これに若狭の兵や滝川一益の兵などを加えて３万程度の兵力になったものと推定できる。

　織田軍が伊賀へ侵攻した時の攻め口の場所と数についてはそれぞれに史料によってまちまちである。このことはどれかが正しいということでなく、どれもが推測で勝手に決めつけていて、いずれも間違っていることを意味する。正しいのは太田牛一が安土で直接取材出来た近江からの出陣兵士たちの名前と彼らがこの戦いの主力であったという事実である。仮にこの時の織田軍の全兵力が５万であったとすれば、近江から攻め込んだ兵が３万、伊勢と大和からの兵が各１万で合わせて２万、といったバランスではなかったか。

【参考資料4】
伊賀攻めに参陣した織田軍武将たちの出発地（信長公記による）

攻め口	信長公記記述	氏名、通称	所領地	出発地	備考	攻め口	信長公記記述	氏名、通称	所領地	出発地	備考
信楽口	堀久太郎	堀秀政		安土	この後浜城主	甲賀口	三介信雄	北畠信雄	伊勢	安土?	信長二男
	永田刑部少輔	永田景広	近江	高島			甲賀衆		甲賀		山中・和田・美濃部・竹島など
	進藤山城守	進藤賢盛	近江	野洲			滝川左近	滝川一益	北伊勢	安土?	
	池田孫次郎	池田景雄		安土	近江衆		蒲生忠三郎	蒲生氏郷	近江	日野	
	山岡孫太郎	山岡景宗	近江	瀬田	景隆長男		惟住五郎左衛門	丹羽長秀	若狭	近江佐和山	佐久間追放後勝家に次ぐ席次
	青地千代寿	青地元珍		安土	近江衆		京極小法師	京極高次	近江	安土	所領なし
	山岡対馬守	山岡景佐	近江	膳所	景隆次男		多賀新左衛門	多賀常則	近江	安土	
	不破彦三	不破直光	若狭	安土	元斎藤氏家臣 当時内政三人衆		山崎源太左衛門	山崎家家	近江	犬上郡山崎	現多賀町、西明寺近く
	丸岡民部少輔	丸岡民部少輔	若狭	?	?		阿閉淡路守	阿閉貞征	近江	山本山城	
	青木玄蕃允	青木玄蕃允	近江	?	?		阿閉孫五郎	阿閉貞大		安土	
	多羅尾光一	多羅尾光太	近江	信楽		加太口	滝川三郎兵衛	滝川雄利	伊勢		北畠家老、一益聟
大和口	筒井順慶	筒井順慶	大和				伊勢衆		伊勢		
	大和衆		大和				織田上野守信兼	織田信包	伊勢	安濃津	信長弟 安濃津城主

　３万の兵の兵站を考えた時、例え２週間の戦であっても、馬、武器、火薬、食糧を確保し後方から供給し続けるのは至難のことである。この意味で和田城は甲賀東部戦線の兵站拠点であり開戦前の前線本部であったと考えられる。また小川城も西部戦線の兵站と開戦前の前線本部であったと思われる。一方甲南町地区を支配する望月氏はこの時消極的参戦であり、積極的に兵站に関わったとは思えない。それらしき記録も伝承も見当たらないのである。

　しかしそれでも２万ないし２万５千の兵を攻め込ませるには甲賀口として２～３口が必要だったのではないか。この点で柘植口と玉瀧口はそれぞれ１万程度の大軍を攻め込ませることのできる地形的にも地理的にも良好な攻め口である。

　信楽口は多羅尾を通る御伽峠口と伊乱記等に出て来る丸柱口の２口とするのが妥当であろう。両口とも地形的制約が強く、併せても５千～１万の兵の攻め口であろう。

4）織田軍の近江国内進軍ルートと伊賀侵攻攻め口

　若狭や湖西の兵は湖西の街道を南下して信楽小川城に一次集結し、湖南の兵達はそのまま信楽又は三雲経由信楽へ向かい、安土と湖北・湖東の兵達はそれぞれ南下して甲賀の中心部又は東部から和田城方面を目指したはずである。

　多門院日記等奈良系の同時代文書ではどうしても大和からの筒井順慶の貢献を謳うため過剰に書く傾向があり、伊勢の勢州軍記などは伊勢からの進攻口を多く書く傾向がある。一方多数の兵が攻め込んだ甲賀には詳しい記録が残っておらず、攻め込んだことがはっきりしている信楽からは兵站と地形を考えると１万以上の兵が集結し攻め込むのは無理である。

【参考資料５】

近江衆らの近江国内進軍ルート

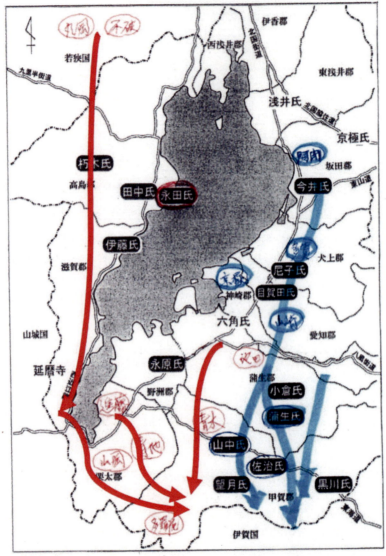

戦国期近江国の国人（新谷和之「戦国期近江における国人領主の展開―永原氏を中心に
―」天野忠幸他編『戦国・織豊期の西国社会』日本史史料研究会　2012）

　また主たる戦いは北伊賀で行われており、南伊賀での戦いは少なく、伊勢と大和からの攻め口はそれぞれ１～２か所であったと思われ、それに対して３万の主力を攻め込ませる甲賀（近江）からの攻め口は少なくとも４か所以上（信楽口２か所と甲賀口２か所以上）あったと思われる。９月３日織田軍による最初の侵攻後、北伊賀での戦闘は概ね北東から西南西方向にローラー作戦のように攻城戦が行われ、数日で北伊賀は壊滅し、大和に近い比自山城を残すのみとなった。

【参考資料6】

天正伊賀乱に於ける織田軍侵攻口について諸説

時代	出典、引用	侵攻口			
直後 安土桃山時代	『多門院日記』大和での伝聞	**南伊賀口**　宇陀郡衆	**西より**　和州の衆／筒井順慶／福住、黒田	**甲賀口**　堀久太郎／小姓衆／江州の勢	**勢州口**　北畠信雄／滝川雄利(勢)
	蓮成院記録	**西**　筒井順慶、大和衆、山中衆	**北**　丹羽長秀、滝川一益		**東**　伊勢衆
	『五師職方日記抄』	**南**　大和衆	**北口**　堀秀政、滝川一益		**東**　織田信雄、伊勢衆
	『信長公記』安土で聞き取り	**大和口**　筒井順慶(和)／大和衆(和)	**信楽口**　堀秀政(側近)／池田景雄(江)／進藤賢盛(江)／山岡景隆(江)／山岡景佐(江)／永田刑部少輔(江)　多羅尾光太(江)／不破直光(若)／丸岡民部少輔(若)／青木玄蕃允(若)／青地元珍(江)	**甲賀口**　日賀(江)／滝川一益(重臣)／蒲生氏郷(江)／丹羽長秀(家老)／京極高次(江)　北畠信雄(総大将)／多賀常則(江)／山崎秀家(江)／阿閉貞征(江)／阿閉貞大(江)	**加太口**　滝川雄利(勢)／伊勢衆(勢)／織田信包(勢)
江戸初期 寛永12,3年 成立 1635 ～6	『勢州軍記』伊勢での伝承	**大和笠置口**　筒井順慶	**甲賀上ノ口**　多羅尾光太　**甲賀下ノ口**　蒲生氏郷	**鹿伏兎口**　神戸信孝　**馬野口**　滝川一益	**長野口**　織田信雄　**伊勢名張口**　北畠信雄
江戸中期	『伊乱記』伊賀での創作 名張市史 伊賀町史 より引用	**長谷口**　浅野長政／新庄駿河守／一万余／戸田禅定　**笠間口**　筒井順慶／筒井定次／三千余	**多羅尾口**　堀秀政／多羅尾光弘　二千三百	**柘植口**　蒲生氏郷／脇坂安治／七千余／山岡景宗　丹羽長秀／滝川一益／一万二千余／分部喜多／藤堂将監／滝川雄利	北畠信雄／織田信澄／一万余／吉田民部少輔
明治大正昭和 時代	名張市史	『伊乱記』のまま受け売り			
	伊賀町史	『伊乱記』のまま受け売り			
	青山町史	**大和口**　9月3日『信長公記』に記す四口より進攻、9月10日過ぎに終了、伊勢路口は無かった	**信楽口**	**甲賀口**	**加太口**
平成令和時代	伊賀市史	**大和口**　筒井順慶(和)／大和衆(和)	**信楽口**　堀秀政／近江衆ほか／多羅尾光太(江)	**甲賀口**　日賀(江)　北畠信雄(総大将)／滝川一益(重臣)　丹羽長秀(家老)	**加太口**　滝川雄利(勢)、織田信包／伊勢衆(勢)

3．信長公記に見る伊賀侵攻織田軍の編成の特色

1）軍団編成の基本原則に忠実

　安土に本拠を置く織田軍の主力が伊賀へ向かう時、途中の武将を集めて先鋒や主力にするのは常套手段である。安土から見て戦場の向こう側に当たる伊勢や大和に主力を求めるのは変則であり、彼らには牽制や抑えといった別の役割を与え、あくまでも安土の方向から、つまり近江の方向から主力が攻め込むのが正攻法である。まして織田に臣従してから日の浅い者たちがいればその者たちに先鋒の役割を与え、忠誠心の発揮機会とさせ、経験豊かな強い軍団へと成長させるためにも頑張らせるというのは理にかなった方策である。

　この時、当然経験豊で強力な部隊を途中や後方に配置して経験不足な先鋒が間違わないように指導し支援するのが常法である。この点では経験不足な惣大将の北畠信雄を援けて百戦錬磨の滝川一益を配し、そこへ気鋭の丹羽長秀や蒲生氏郷を実力部隊として付け、その前方に10人を超える近江衆と伊賀衆の武将達が居て先鋒として攻め込んで行くのが甲賀口の凡そ2万と思われる主力部隊である。他方堀秀政に多羅尾光太を配し、その前方を北陸や湖西方面の武将たちが先鋒を勤めている信楽口は5千〜1万の部隊である。

2）それにしても近江衆ばかり

　甲賀口も信楽口も織田家の一族・家老・重臣以外は安土に於いて若衆として信長に仕える旗

本の面々であり、その多くが永禄11年（1568）の信長の最初の上洛作戦で美濃から近江へ進攻した際に浅井や六角から離反して積極的に織田についた者たちで、織田に臣従してすでに13年以上経過して政権運営の中核にいるが実戦経験の少ない者達なのである。

　各攻め口とも構成武将の8割程度が近江衆ないし近江人となり、天正伊賀乱とは織田と伊賀の対決と思われていたが、実は近江対伊賀の全面対決であったとさえ云え、これでは近江が伊賀を殲滅したことになる。しかし伊賀には近江にやられたという感覚を持った人は意外に少なく、あくまで織田にやられたと思い、その上で何故か「でも仲間と思っていた甲賀には裏切られた」と感じている人が少なくない。

【参考資料7】

伊賀攻めに参陣した織田軍武将たちの素性調査

攻め口	信長公記記述	氏名、通称	所領地 出発地	信長への臣従時期	参考書	近江衆	備考
甲賀口	三介信雄	北畠信雄	伊勢 安土?	◎織田一族			信長二男
	惟住五郎左衛門	丹羽長秀	若狭 近江佐和山	○永禄3年(1560)以前	①		佐久間追放後は家臣団で勝家に次ぐ席次
	滝川左近	滝川一益	北伊勢 安土?	○天文年中(1555)より	①、④	(近江人)	永禄10年(1567)大将として出陣、信頼厚い遊撃隊長
	蒲生忠三郎	蒲生氏郷	近江 日野	永禄11年(1568)	①、②	(近江人)	初陣永禄12年(1569)宇治槇島の戦、冬姫と結婚五万石
	京極小法師	京極高次	近江 安土	岐阜城で浅井の人質	①、②	(近江人)	初陣天正元年(1573)宇治槇島の戦 五千石
	多賀新右衛門	多賀貞能(常則)	近江犬上郡 安土	元亀元年(1570)	①	近江衆	元亀の争乱では初期から信長方へ
	山崎源太左衛門	山崎秀家	近江 犬上郡山崎	元亀元年(1570)	①	近江衆	現多賀町、西明寺近く
	阿閉淡路守	阿閉貞征	近江 山本山城	天正元年(1573)	①	近江衆	
	阿閉孫五郎	阿閉貞大	近江 安土	天正元年(1573)	①	近江衆	
	甲賀衆	(甲賀衆)	近江 甲賀	バラバラ	④	(近江人)	
信楽口	堀久太郎	堀秀政	安土	○永禄5年(1565)	①		後馬廻衆の幹部の一人、この後長浜城主に
	多羅尾彦一	多羅尾光太	近江 信楽	永禄9年(1566)	①、④	(近江人)	光俊の二男、四千石、永禄年間に臣従した証拠なし
	永田刑部少輔	永田景広	近江蒲生郡 高島	永禄11年(1568)	①	近江衆	
	進藤山城守	進藤賢盛	近江 野洲	永禄11年(1568)	①	近江衆	有力近江衆の一人
	池田孫次郎	池田景雄	近江 蒲生	永禄11年(1568)	①	近江衆	
	青地千代寿	青地元珍	近江栗太郡 栗田	永禄11年(1568)	①	近江衆	
	山岡孫太郎	山岡景猶	近江 瀬田	永禄11年(1568)	①、③、④	近江衆	景隆長男
	山岡対馬守	山岡景佐	近江 膳所	永禄11年(1568)	①、③、④	近江衆	景猶次弟
	不破彦三	不破直光	越前 安土	永禄10年(1567)	①		元斎藤氏家臣 当時越前府中内政三人衆
	丸岡民部少輔	丸岡民部少輔	若狭? ?	?	①		山岡氏の一族か?
	青木玄蕃允	青木玄蕃允	近江 ?	?	①	近江人?	出生地など不詳

参考①信長家臣人名辞典　　②京近江の武将事典　　③栗田武士の足跡　　④甲賀郡志

3) 甲賀衆の参陣が意外に少ない　なぜ？

　そこで信長公記の中で「甲賀衆」と呼ばれた武将は誰であったのかを調べてみた。その結果、天正10年「神君甲賀伊賀越え」に貢献したと主張する甲賀武士の家系は少なくないが、天正伊賀乱で織田軍として出陣したことを書きとどめる文書が極めて少ないことが判明した。故にそれぞれの家の伝承や系図資料に根拠を求めざるを得ないのであるが、それでも決して多くない。江戸時代になって、家康に貢献したことは家の名誉になって家名を挙げあわ良くは仕官にも役立つのに対して、「信長軍に参陣して伊賀を倒し勝利に貢献した」ことはそれほど家名の向上に役立たなかったのであろうか。

【参考資料8】

天正伊賀乱に参陣した甲賀衆

氏別	参陣者名	信長への臣従時期	参考書	参陣	備　考
和田氏	和田定教	永禄8年(1565)	織田信長家臣人名辞典、甲賀郡志、寛永譜	◎	父和田定利は元々信忠家臣の尾張衆であった
	和田惟長	永禄10年(1567)織田底繋 永禄11年(1568)朝倉訪問		◎	和田惟政息、永禄8年(1565)に惟政が細川藤孝と共に義昭を保護
多羅尾氏	多羅尾光太	永禄9年(1566)	織田信長家臣人名辞典、甲賀郡志、寛永譜	◎	多羅尾光俊二男、光俊自身が参戦していることになっている。
	多羅尾光雅			◎	多羅尾光俊三男
山岡氏	山岡景宗	永禄11年(1568)	栗東歴史民族博物館『栗東武士の足跡』	◎	本貫地甲賀郡毛枚、山岡景隆息
	山岡景佐			◎	本貫地甲賀郡毛枚、山岡景隆次弟
大原氏	滝川一益	大原同名中構成員	尾下成敏『織豊期研究』第	◎	文書中で一益自身が大原同名中構成員であることを主張している
	篠山理兵衛	天正2年(1574)	甲賀郡志、大原系図	△	大原氏、篠山氏、鳥居氏、多喜氏など参戦の記事見付からず
山中氏	山中俊好	元亀元年(1570)	甲賀郡志、系図	○	山中長俊は勝家配下で北陸方面か
美濃部氏	美濃部茂濃	元亀元年(1570)	滋賀県文化財課紀要	○?	今回確認できず
武島氏	武島茂幸	元亀元年(1570)	甲賀郡志、寛政譜	○?	今回確認できず
伴氏	伴太郎左衛門	元亀元年(1570)		✖	当主太郎左衛門は本能寺に於いて討死
佐治氏	佐治為次(美作守	永禄11年(1568)?	長坂良輔『甲賀武士と甲賀・知多太郎の佐治一族』	✖	甲賀佐治氏が参戦した気配はない
黒川氏	黒川盛治	天正2年(1574)	甲賀郡志、寛政譜	△	今回確認できず
上野氏	上野伊豆守景籠	天正元年(1573)	『甲賀真記家文書Ⅱ』系	?	上野氏、中上氏、富田氏など
望月氏	望月兵太夫兼篤	天正2年(1574)	望月直江家系図	?	兵太夫兼篤は小牧長久手の戦で戦死、外に望月助太夫も有力者
隠岐氏	?	天正2年(1574)	甲賀郡志	?	
神保氏	?	天正2年(1574)	甲賀郡志	?	
鵜飼氏	?	天正2年(1574)	甲賀郡志	?	
内貴氏	?	天正2年(1574)	甲賀郡志	?	
青木氏	✖石部正則家清	天正2年(1574)	甲賀郡志	✖	最後まで六角に臣従
芥川氏	?	天正2年(1574)	甲賀郡志	?	

　それでも分かったことは、永禄年中に織田に臣従した和田・多羅尾・山岡等の古株が当然のこととして参陣している（上表の最上段のグループ）のにならって、元亀の頃以降天正元年の野洲川原の戦の敗戦を契機に織田に転じた山中・美濃部・伴等の第二のグループ（上表の中段のグループ）も今回は参陣しようとしている動向が認められるが、史料が少なく確認が難しい場合がある。これに対して最後まで六角氏につき従った望月氏など主として野洲川支流の杣川流域の甲賀武士たち（上表の下段のグループ）が、今回の伊賀攻めにほとんど参加しなかった模様である。現時点では記録が全く見つからないのである。

　これは信長が織田歴の短い者たちには出陣を命じなかったからではなく、よく知られているように甲賀に対しては、直属の臣下になる事を求めずある程度の自由度のある中世的な一揆的統治を認め、参戦するかどうかは各甲賀衆の自由に任せた結果ではないか。その結果臣従歴の浅い者は先ず先鋒を務めるという原則が貫かれなかったのであろう。

　では杣川流域の甲賀武士たちは全く参戦しなかったかというと、実は武闘戦力としては参戦していないが、伊賀の地理をよく知る案内者として、それぞれが一人の甲賀武士として参戦していたが、隣村へ出掛ける又は伊賀の親戚の家を訪問する感覚であったため、ことさらに天正伊賀乱に参戦したとは書き残さなかったのではないか。私見である。

　天正伊賀乱では多くの伊賀衆が甲賀の親戚へ遁れて来て助かったと記録にとどめている一方で何故か甲賀には裏切られた気持ちが伊賀に蔓延しているという伊賀と甲賀の複雑な関係の一因であるかもしれない。

４．伊賀国内の織田軍の進攻と軍勢移動
１）織田軍の全体的な軍勢移動

　天正９年９月３日に各攻め口から一斉に伊賀に攻め込んだ織田軍は、北伊賀をおおむね東から西へと進攻した。ローラー作戦である。この時の伊勢隊と大和隊の役目は、伊賀の国人や農民兵たちが伊賀国から脱出せぬように国境を固めることで、華々しく討ち入る事ではなかったはずである。この点で『勢州軍記』や『伊乱記』の記述は伊賀全土が一気に焦土に帰したかの如くであり、明らかに誇張が多く捏造記事も多くあると思われる。

　伊賀軍と織田軍の戦力差は如何ともしがたく、また大半の伊賀の城は土塁と堀切主体の小型のもので、織田軍の先進的な火力と歴戦の兵と戦果に飢えた近江の兵にはかなうはずもなかった。東から順に次々と落城を繰り返し、開戦４日目の９月６日には大和国境に近い比自山城を残し北伊賀の全ての城は落城ないし開城した。

【参考資料９】

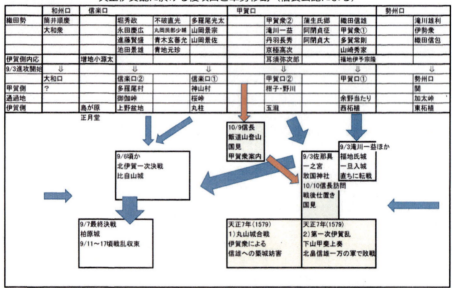

天正伊賀乱に於ける侵攻口と軍勢移動（信長公記による）

　北伊賀で生き残った国人達と5000人とも云われる農民（兵）が比自山城に集結し、北伊賀での最終決戦が行われることになった。当初は伊賀軍の戦意も高くまた取り囲んだ織田軍が個別に対応したため各所で激戦が繰り返され双方に相当の被害が出たと云われている。そこで織田軍は９月10日に総攻撃をかけることに決定したが、この情報が伊賀側に漏れ、籠城していた全員が山城国と大和国へ逃散したという。翌朝城は空であった。

　ここから織田軍は南伊賀へ進軍したが、最終の柏原城迄の間大きいな戦闘は無かったものの、この数日間は農民兵との小競り合いがあった可能性は否定できず、城を落とすのではなく、抵抗の主体である「国人＋農民兵」という伊賀の有り様を攻撃したのである。

２）伊賀国内の進攻ルート地図例１（旧伊賀町史の場合）
【参考資料10】

第２次天正伊賀乱図（伊賀町史に加筆）

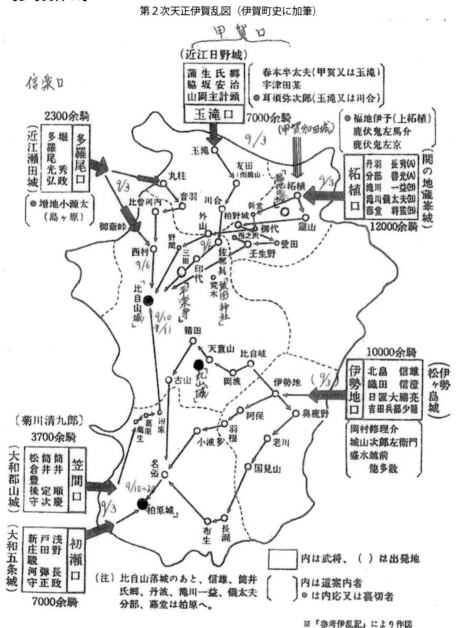

旧伊賀町史は 100%『伊乱記』に依拠していて、内容的には信頼性は乏しいが『伊乱記』をベースにした地図が分かり易いので、これに若干の手を加えた。ただし『伊乱記』では織田軍の伊賀南部への侵入を多く取り上げているが、実際には伊勢側や大和側の主たる任務は待ち受けの役割で侵攻や城攻めは少なくあくまで北からの侵攻が主力であった。この図では北伊賀での織田軍の軍勢移動が非常によく分かる。すべてが正しい訳ではないが、かなり実情を反映していると思われる (2)。

　但し南伊賀ではこの図とは異なり、伊勢の部隊も大和の部隊もこの図の様に攻め込んで城を次々落とすといったことはせず、逃げて来る「国人＋農民兵」を国境で待ち構えて捕えることに専念しており、南伊賀へは戦闘集団としては織田軍団の中で名張郡担当とされた部隊と比自山城攻城部隊の一部が向かったものと考えられる。

3）伊賀国内の進攻ルート例2（三重県史と和田裕弘氏の場合）

　2021 年和田裕弘著『天正伊賀の乱』では信長公記に地元情報を加味している。その結果三重県史の図を転用したこの図では主な激戦のあった北伊賀の城はうまく抽出されている。更に南伊賀で激戦となった城はほとんど存在しないことも分かる。最後の戦の城「柏原城」は籠城戦の途中で方針が変わり城主の方から開城した (3)。

　しかし、攻め口は『伊乱記』の記述に従いすぎており、伊勢・大和からの攻め口が多くなり過ぎている。これら伊勢・大和と伊賀との国境の峠口の多くは攻め口ではなく、伊賀兵の逃げ出しを防ぐための待ち受け口であったと思われる。

　結論的には、伊勢や大和から南伊賀に攻め込んだ攻め口は事実上なく、あったとすれば待ち受け口であった。他方北伊賀への伊勢や大和からの侵攻は一部なされた可能性はあるが、あくまで主力は近江（甲賀）からの侵攻であった。

　本図の致命的欠陥は、攻めるべき城の少ない南伊賀への伊勢や大和からの攻め口が多く、織田軍の主力が侵攻し、主たる攻城戦が行われた北伊賀への近江からの侵攻口が全く考慮されていないことである。

【参考資料11】

『三重県史』資料編近世2の付録に掲載された地図

5．考察
1）史料の信頼性について

　天正9年に信長軍が伊賀へ侵攻した天正伊賀乱の際の攻め口の数については資料によって3〜10口にも異なっている。そもそもこの天正伊賀乱と呼ばれる戦いの同時代史料は極めて少ないが、その中で『信長公記』は発刊がやや遅れたとはいえ、著者太田牛一は元々織田政権の中に居り、情報は織田軍団のメンバーから取材されていて、信長の比較的近くにいた人物から得た直接情報をほぼそのまま記録したと思われるので、実質的にはほぼ同時代史料と言い切っても良いのではないか。

　しかし、著者自身は岐阜や安土に居て現地の事情を十分に把握しないままに報告者の情報を鵜呑みにして記録しているようにみえ、伝聞をそのまま書き留めたと思える部分もある。本件でいえば先鋒と主力が近江衆で後詰めが滝川一益や丹羽長秀らであったと思われ、それに対して北畠信雄軍と伊勢衆は、信雄自身は惣大将であっても自ら先兵や主力になる訳でなく、あくまで東からの抑えの役割であって、さらに筒井順慶と大和衆の西方面軍は支援隊の位置付けではなかったか。このような織田軍団内での役割分担は軍事機密なので周辺の者達に何処まで明示的に知らされていたかは不明であるが、太田牛一が近江方面からの攻撃を主体と位置付け大和や伊勢からの侵攻を大きくは取り上げていないことには納得感があるが、信長軍の各部隊の戦闘状況や分担状況については、100年後に書かれた軍記物の方にリアリテイを感じてしまう位、『信長公記』の記述に現場感がない。

　すなわち、同時代文書として扱われる『多門院日記』『蓮成院記録』や『信長公記』には同時代ではあっても、一切現地取材をしていないという共通の欠陥がある。著者自身がよそ者である上に、現地で実際に戦った指揮官や侍たちに取材したとしても、彼らはあくまで現地ではよそ者であってその時の現地側の事情を正確に把握は出来なかったはずであるし、そもそも敵側の情報については情報そのものが伝聞であることも多いはずである。つまり二重三重によそ者なのである。従って、日時や軍の構成や基本の進撃方針に関する部分についてはこれらの同時代史料を尊重すべきであるのに対して、何処でどのような戦いがあったか、に関しては伊勢や伊賀の書物の記述を鵜呑みにすることは言語道断であるとしても、戦闘地域の移り変わりなどある程度採用してもよいのではなかろうか。

　事件から50年ないし100年以上経った江戸時代初期・中期に書かれた伊勢系・伊賀系の地元の"読み物"である『勢州軍紀』（寛永12，3年（1535,6））や『伊乱記』（延宝7年（1679））には8ケ所から10ケ所の織田軍攻め口があり、5万もの大軍がなだれ込んで来て、伊賀の戦闘員ばかりでなく多くの農民が殺害されたと訴えている。またその具体例という形で織田の武将の名前も言及され、伊賀衆が籠った各地の城での戦闘を生々しく描写し、織田軍とそれを命じた信長の非道さを浮き彫りにしようとしている。

これらの物語の作者は当然伊勢や伊賀国内の各地を取材し、それぞれの地に 50 年なり 100 年経っても残っていた戦闘の痕跡や傷跡そしてその地に伝わる伝承や記録をまとめ、それらを元にドキュメタリー仕立ての読み物を書き上げたものと想像できる。もちろん地元の情報そのものが誇張されていたり、時には捏造ネタであることもあるし、作者自身が執筆の段階で思いが膨らんで過大に表現することもよくあることで、現代でもテレビで捏造ネタがドキュメンタリーとして放映されて物議をかもすことがあるのと同じである。要するに少し割り引いて読むべきとか、輝くような細かいところに騙されるなとか、著者や制作者の普段の言動をよく見て判断せよとか言われるのは大いに同意できる。それ位これら伊賀系の書物の論調と個別の描写にはやり過ぎとさえ云えるほどのものがあり、少々冷静さを欠いているのではないかと正直感じる。しかしそれでもこれらの物語本には現実に起こったことの一部が書き記されているかもしれないと思わせるのも事実である。

2）信長軍の伊賀攻め口について

　以上のような論点を、信長軍の攻め口について考慮するとどうなるかを考えてみた。先ずこの戦いの特色を纏めると、①先鋒と主力が近江衆によって構成され、後方に強力かつ経験豊かな歴戦の武将軍が控える織田軍が伊賀国の北方から一斉に侵攻して来たのに対し、②守る側の伊賀衆は個人的には経験豊かなものが居たかもしれぬが、伊賀国全体としての戦闘経験はほとんど無く、また③戦闘はそれぞれの伊賀武士に任されていて、長島一揆や石山本願寺での戦いで見られたような戦略や戦術が伊賀側に全く見られない点に気づく。このことは④伊賀全体を統括できるリーダーが見当たらないことに起因する。

　9月2日までに伊賀・甲賀国境近くに集結し十分な兵站を整えた3万以上の織田軍は、9月3日に甲賀者と近江衆を先鋒として一斉に「甲賀口」と「信楽口」から伊賀へ侵攻したが、実際にはこの大軍は「柘植口」と「玉瀧口」を含む少なくとも二つの「甲賀口」（その他に「内保口」などがあり得る）から、そして「御伽峠口」と「丸柱口」の二つの「信楽口」からと、合計四つ以上の攻め口から伊賀へ侵攻したものと考える。その理由は近江衆を中心とした織田軍団の近江国内での南下進軍経路、大軍での完璧な兵站準備ができる国境近くでの集結場所（例えば東から五反田地区、和田城群、野川・馬杉地区、神山地区、小川・多羅尾等）の確保、迎撃を避けつつ安全に大軍を侵攻させられる峠道の選定・確保、敵の籠る城への攻撃態勢、特に敵の中核の城への攻撃ルート、更に友軍同士の横の連携の取り易さ等々を考慮して決定されたものであろう。

　この戦いでは信長が伊賀を殲滅する方針を打ち出しており、織田軍は北から一斉に侵攻して北伊賀の有力国人の城を攻め、東から西へローラー作戦で殲滅作戦を実行したのであろう。他方、「伊勢口」や「大和口」については、ある程度のまとまった軍を侵攻させる侵攻口がそれぞれ一つはあったであろうが、大半の国境の峠では「抑え」の役割が主で、北の激戦地から逃げ出す伊賀衆を南に待ち構えて伊賀から逃げ出させない役割、つまり待ち受け口ではなかったか。

このため北から突入して激戦を重ねたた甲賀衆や近江衆が、順次城を落としつつ進軍したので、結果的にはそれほど悪い評判を残していないのに対して、伊勢衆や大和衆は逃げて来る伊賀衆を誰かれなくひっ捕らえて処刑せざるを得ない役割となったため、後世に悪評を残した者がいた様で、『伊乱記』の中で糾弾されることが多かったようである。

3）農民（兵）の殺害について

　『伊乱記』その他伊賀系の物語本では信長の行った悪行として農民（兵）の殺害を取り上げているが、本当にそれは当時の基準で考えても悪行であったのだろうか。二つの視点で考えてみる。

　第一の視点は、当時の伊賀は大名が支配する国ではなく、甲賀同様に同名中として地域での一揆結合があり、伊賀国全体でも「伊賀惣国一揆」で統治されており、農民を含むすべての伊賀人が二重に一揆結合に組み込まれていたという点である。一揆の掟書きには国民（住民）皆兵が定められており農民も戦時には兵となる事が求められていた。このことは信長もよく承知しており、長島一揆や北陸の一揆、更には比叡山の僧兵や石山本願寺の抵抗を通じて民衆が抵抗勢力になった時の恐ろしさを実感しており、秀吉が天正13年に行った刀狩令や兵農分離政策はここに楔を打ち込むことであったことはよく知られている。織田軍は農民を殺害したのではなく、農民の姿をした敵兵を殺害したのである。

　第二の視点は敵兵は城内にいれば撃ち殺してもよいが、城外にいる時は撃ち殺してはいけないのかという点である。つまり北伊賀で多くあった城攻めでの農民兵の戦死は止むを得ないが、南伊賀で多くあった村を歩いているないしは家や山に隠れている農民兵をひっ捕らえて処刑するのは悪行なのであろうか。攻めている織田軍としては、伊賀が反撃できない所まで徹底的に殲滅せよと命令が出ている以上は、敵が反撃できない保証が取れない限りは徹底的に攻撃する訳で、それが城であろうが村であろうが山中であろうが同じである。特に伊賀の忍びが農民の姿を常の姿とすることは知られており厳正に対処したのである。

　つまり織田軍の現地部隊は殺さなければ殺される状況の中で常に反撃におびえながら戦っている訳で、伊賀側から見て裏切りであると思えるくらい織田軍側に奉仕して伊賀側の情報や居場所を織田軍に提供するなどをしない限り、伊賀人全てが敵であるとして戦う織田軍の兵士を非難することは的外れであると云えよう。また殲滅の命令を出した信長を非人道的だとして現代人が非難するのは勝手であるが、当時の実情として一揆結合した集団に対処する方法としては殲滅かトップの殺害ないし追放しかなかったのであるが、当時の伊賀には有力な指導者がおらず、信長に残された選択肢は殲滅しかなかったのであろう。

4）伊賀に軍記物語『伊賀乱』が残った理由

　古来、伊賀と甲賀は概ね仲良くうまくやって来ていた。そして中世から戦国期にかけては共に戦国大名を頂かず一揆結合を寄る辺として自治的な地域運営を行ってきた。ローカルには近

江と伊賀の国境を挟んで多少の争いはあってもそれ以上に親戚も作って来た。

　そんな中、甲賀が織田政権の中枢に武将となるべき人材を幾人も送り込んできたのに対し伊賀は全く織田政権に対する働きかけができていなかった。そこで起こったことは織田信長とその政権の実力を知っていた甲賀が野洲川原の戦いでの敗戦を契機に織田政権への臣従を決めたのに対し、織田政権を単なる成り上りもの政権くらいにしか認識できなかった伊賀が無謀にもアンチ織田政権の姿勢を強めて行ったという真反対の決断であった。

　これは明らかに甲賀と伊賀の情報力の差を示していて、織田政権を正しく評価できなかった自らを反省することなく、天正9年伊賀乱で甲賀が織田政権の一員として伊賀へ攻め込み伊賀が蹂躙された時、伊賀は甲賀に対し逆恨みした。天正13年太田城水攻め工事不具合で秀吉から甲賀者が大量改易（甲賀ゆれ）された時伊賀は溜飲を下げ、恨みをある程度解消したのであるが、江戸幕府発足時の甲賀と伊賀の待遇格差で再び甲賀に恨みを抱いた所へ、慶長10年三代目服部半蔵正就が江戸で罷免・絶家となった時、伊賀衆は9000石のトップリーダーを失い、幕府に身分保障を訴えるすべを失った。

　伊賀は藩主の藤堂家が近江出身で織田家の家臣でもあったことで初めは遠慮していたがやがて寛永頃から信長や秀吉から受けた被害や家康への貢献を強調する由緒書類（伊賀者由緒幷御陣御供書付、伊賀者由緒書、伊賀無足人取調帳など）や軍記物語・地誌類（伊州軍記、伊乱記、伊水温故など）を乱発するようになった。その中でも物語としてお涙頂戴的に書き上げられたのが『伊乱記』であった。

5）伊賀崩壊の要因

　天正伊賀乱で伊賀がいとも簡単に瓦解した原因は何であったのか、今まで誰もが避けて語らなかった点を敢えて指摘しておきたい。

　第一の原因は伊賀の織田政権に対する情報収集能力の致命的な欠如である。伊賀は忍びの里として情報収集活動は得意であったはずであるが、こと織田政権に関する限り無能であった。このため甲賀が和田、池田、滝川、佐治、蒲生等からの情報を生かして適切に親織田に切り替えることで、殲滅されず生き延びることができたのに対し、伊賀は幾度もの路線転換のタイミングを見逃し殲滅される方向へひたすら突っ走ることになってしまった。

　第二の原因は南伊賀の国人衆の親北畠／アンチ織田感情を伊賀全体でやんわりと包み込むことができず、逆に第一次伊賀乱のやり過ぎがうまく行きすぎたために伊賀中が図に乗ってしまって（うまく行き過ぎた不幸）、信雄と織田政権（信長の力そのもの）を見誤ったという初歩的な誤りである。これも情報力の欠如である。

第三の原因は一揆結合の主力であったはずの北伊賀の人材不足・結束不足である。北伊賀の国人たちは個人的にはそれなりの能力のある者達であったはずであるが、北伊賀全体として見た時、近江の守護六角との距離感の取り間違い・見放すときの踏ん切りの悪さ・国人同志間の連携の悪さを露呈している。どん詰まりに落ち込む前に、有力国人たちが決然とやるべきことがあったはずである。彼らは全員でその機会を漫然と見逃したのである。

第四の原因は有能なリーダーの不在、伊賀全体が結集できるお題目の欠如、そして最新の戦力へのブラッシュアップ不足である。結果として一か所で「長島一揆」型の戦闘集団を形成できず、ばらばらと切り崩されて壊滅したのである。有能なリーダーの下、後の島原の乱の如く伊賀全体が共有できるお題目を掲げ、最新の城と兵器を備え、強い心の農民兵を一万・二万と集めることができれば少なくとも3か月は持ちこたえ、和議に持ち込むチャンスがあったであろう。12人の伊賀の国人奉行衆は無能そのものであった。

【追記】
6．あとがき　特に近江衆、甲賀衆について

永禄11年（1568）織田信長が足利義昭を奉じて岐阜から上洛した後、永禄末から元亀の争乱と云われる時代（1569〜73）を経て、六角氏が滅亡する天正2年（1574）までの間、近江国の中での織田軍の武将達の配置はどんどんと強化されていった。即ち、最初は京都までの通路に2,3人の武将が配置され信長の通行を守ったが、その後六角氏や浅井氏との戦闘が激化するに伴い近江国内7〜8ケ所の城（例えば最初森可成が築き討死後は明智光秀に引き継がれた宇佐山城など）に武将と軍を貼り付け、六角軍や浅井・朝倉軍と本格的な戦闘を行い、遂に近江国から反対勢力を追い出すことができた。この間、早めに六角氏や浅井氏から離脱して信長陣営に転じた近江衆や甲賀衆は、最初は単なる与力であったと思われるが、次第に織田軍武将の配下として迎えられたり、時には蒲生氏郷や多羅尾光俊のように織田軍内の独立の武将（旗本）として信長直属の配下に迎えられるものもいた。特に安土城の建設が進む頃には、必ずしも領地を安堵される形ではなく、馬廻衆や小姓として信長の周辺で官僚的に雑務をこなすものが増えることとなったようだ。

そして天正伊賀乱に於ける織田軍の先鋒や主力は近江衆や甲賀衆であった。滝川一益や蒲生氏郷などいわゆる著名な武将については出身地（本貫地）や出世先でパーソナルヒストリーとして記録も纏められ公開されているが、その他の近江衆や甲賀衆の一人一人について、彼らがどのような経緯で今回の伊賀攻めに参陣することになったのか、織田陣営への参加以前に遡ってもっと詳しく調べ記録をまとめる必要がある。更にこの戦いに於いて果たしたそれぞれの役割、戦後に得た論功行賞、翌年の本能寺の変とその後の行動、秀吉政権での役割（石田三成ら秀吉政権での近江衆との対比）、家康との距離感、徳川幕府での役割など、途中で消えて行った者たちも含めてできるだけ詳細に調べて記録にとどめる必要がある。またこのような近江衆や甲賀衆が自身の展開と共に、最終的にそれぞれの地元にいかなるインパクトを残したのかを、

近江国全般にわたって把握することが必要であろう。旧町村史誌や一族の由緒書を丹念に見直してみる必要がありそうである。

　ごく最近地元の方から甲賀の望月氏のこの当時の動向について情報とヒントを頂いた。幕末に江戸甲賀百人組から京都の見廻組に転勤した望月権左衛門の由緒書（国立公文書館蔵）の先祖書の部分を丁寧に読むと、甲賀望月氏の本家筋のものが六角氏から離れたのち、（恐らく信長への直接志願がかなわず）、北畠信雄家の家老滝川雄利に仕官して伊勢松ヶ島へ転居していたことが分かり、この先祖望月紀三郎は信雄旗本または滝川雄利配下で天正伊賀乱に参陣しており、結果として乱終結後信雄から伊賀の服部村ともう一村の領知を任されていることがほぼ100％の確率で推定できる (4)。つまり望月氏は確かに天正伊賀乱に参陣していたが、実は甲賀衆としてではなく伊勢衆として参陣していたことが分かる。滋賀県内各地に於いてこの様な地道な調査が積み重ねられることが必要であるが、各地元での有志の方々の今後の研究に期待したい。

参考文献資料
（1）　伊賀市『伊賀市史』第一巻通史編　第四巻資料編　2008 年
（2）　伊賀郷土史研究会編『天正伊賀乱四百年略誌』1981 年
（3）　和田裕弘「天正伊賀の乱」2021 年　中央公論社
（4）　国立公文書館（旧内閣文庫 30797 号）『甲賀二十一家先祖書　全』望月継之助条ならびに田村幹夫田村直美共著『望月氏と慈眼寺』2023 年　慈眼寺（甲賀市甲南町野田）

論考3　「神君甲賀伊賀越え」の真相Ⅱ
＜実は「神君実質甲賀越え」が正しい＞

　私は先に「神君甲賀伊賀越え」の真相として何ヶ所かで発表してきた。しかしその後若干の気付きや発見もあったので、この際ver2兼最終版として本ホームページ上に真相Ⅱを掲載することとした。

> 寛永諸家系図伝　和田定教の条
>
> 和田定教
>
> 信長につかへ、父の遺跡をつぎて黒田の城を領す。そのゝち流落して江州甲賀に居す。天正十年、信長害にあふとき、大権現和泉の境より甲賀の山路をへて御下向の刻、忠節をつくす。大権現これを感美したまひて誓状をたまハる。今にあり。そのゝち又参州吉田において大権現に謁見したてまつる。のち程をへて京都にて病死。歳五十八。法名浄雲。

　私は拙著『甲賀忍者の真実』（2020年春刊行、サンライズ出版）の中で、「神君伊賀越え」は間違っていて「神君甲賀伊賀越え」が正しいとして、幾つかの点について論点を提示して問題点を検証した。その後「伊賀越え」説からは大した反論らしきものを目にしないが、甲賀越え史料としての『戸田本三河記』の問題点指摘や「伊賀越え」説の弱り目のドサクサに便乗するかの「大和越え」説の紹介などもありやや論点がぼやけて来た気もする。この際今一度「伊賀越え」説（「大和越え」説も）の不合理点を論点整理して明確にするとともに、「甲賀越え」の論拠となるポイントをできるだけ明確に指摘しておきたい。更に今回はなぜ甲賀武士が家康を援けたかに付き若干の考察を加えた。これにより「甲賀越え」の妥当性が少しでも高く評価されることになれば幸いである。

第一章「神君伊賀越え」説の不都合点

　天正10年（1582）6月2日未明、明智光秀の謀反により京都本能寺に於いて織田信長が自害したいわゆる本能寺の変が勃発した時、徳川家康は信長の招待で堺見物をしていたが、その帰途、家康一行30数名（実際には従者を含めて100人位か）は明智軍と戦うことを避け、地質学用語としての「伊賀峡谷」を通過して岡崎まで逃げ帰ったが、このことを一般的に「神君伊賀越え」と呼び、一行は伊賀国を通過したと理解されるのが通説となって来た。

　すなわち、「家康一行30数名は明智軍や落ち武者狩りを避けつつ、茶屋四郎次郎の金銭的支援と、服部半蔵正成によるルート案内と彼が伊賀衆を呼び集めて警護してくれたお陰で、当時の伊賀国の地を通って無事岡崎まで帰還できた」とする説である。

しかし近年一行は伊賀国をほとんど通っていないのではないかとする学説が多く見られるようになって来たが、それでも頑迷に旧説にしがみつく人も少なくないので、ここでは「伊賀越え」説のどこが問題点なのかを改めて論点整理しておきたい。

1）服部半蔵正成について

通説の主役は服部半蔵正成である。「伊賀出身で忍術の大家である」と暗黙に理解されている正成が大活躍をして家康を救った。正成は英雄である。というのが通説の骨格である。しかし冷静に現実を見たとき、この通説が見事に瓦解する。

まず服部半蔵正成は岡崎生まれの岡崎育ちで、父親が伊賀から岡崎に出て来て家康の祖父松平清康に仕えて以来伊賀には居住したことがなく、伊賀の地理は全く不案内であって急場で他人を案内できるだけの伊賀での土地勘は全く持ち合わせていなかった。また正成は岡崎で忍術の修業を受けておらず、むしろ武将として育てられ、後に渡辺半蔵とともに「槍の半蔵」として有名で、江戸には彼が使っていたという大槍が残っている。父親は伊賀出国前の縁で伊賀に知人が多くいたかもしれないが、正成自身は伊賀には全く知人がいなかったと考えられる。仮に親戚の者が幾人か伊賀に居たとしても、９ケ月前にあった天正伊賀乱で戦死または没落（逃亡）しており、急場に呼び出すことなど不可能である。

以上の通り正成は自身で近畿一帯や伊賀を案内する能力がなく、その上伊賀の有力者を呼び集めることもできず、さらに正成は織田政権との縁が全くなく、信長家臣筋の宇治田原山田城や信楽小川城へ繋ぐことなど全く不可能であった。服部半蔵正成は本件に関する限り、家康一行に同行していようといまいと全くの役立たずなのである。よって服部半蔵正成が活躍して家康一行が無事伊賀を通過できたなどという話は茶番劇でしかない。

2）天正 10 年の伊賀は危険地帯

天正９年９月から 10 月にかけて起こった第２次天正伊賀乱に於いて信長が、二男信雄への伊賀者たちの攻撃（第１次天正伊賀乱）に対する報復として、徹底殲滅の方針で臨んだことはよく知られており、伊賀では今日でも「一説には伊賀人５万人が殺害されたと云われている」と息巻く人が多い。その結果多くの伊賀の有力者（指導層の伊賀者）が戦死ないしは没落（逃亡）し、もし仮にこの乱の前に１０００人の有力者がいたとしたら乱の後にはおそらく９００人以上の有力者は伊賀から居なくなっていたはずである。伊賀越え説の信奉者が言うように２００〜３００人の有力者が半蔵正成の呼びかけに応じて集まったというのならその「有力者」とは５万人の死者を横目に、戦わずにのうのうと生き延びた不名誉な者たちとなり、乱の折に先頭に立って戦ったという勇者の話とは矛盾することになる。福地氏のように積極的に織田勢に組みした少数の有力者を除いてはごく少数の有力者とおそらく半数程度の農民しか伊賀には残っていなかったのではないか。

例えば田村幹夫氏の研究によれば、天正 10 年中には伊賀の服部村に有力者としての服部氏は居らず、滝川雄利支配の下で望月兵太夫 (紀三郎安重) が服部村仁宇上村上下を領知していた

という（1）。確かに信雄の家老として滝川雄利は天正9年10月には伊賀の3郡を支配していた。

　数少ない生存者も戦後織田領となった後は息を潜めて隠れ住む状態で、それから9ケ月後の天正10年6月初旬の伊賀はアンチ織田感情が渦巻き、一旦信長横死の情報が伝われば浪人となった少数の伊賀衆と農民が落武者狩に狂奔するという、家康のように織田シンパとみなされる者たちにとっては極め付きの危険地帯であった。このことは直後に第3次天正伊賀乱として現実に起こり、信長に協力した福地氏が柘植の福地城を伊賀衆に襲撃され駿府へ脱出せざるを得なかったのである。

3）天正10年の伊賀には馬はほとんど居なかった
　一日を数十km進む長距離の高速移動には馬は必須であった。望ましくは一行30数名の全員に行き渡るだけの馬を揃えることが必要であった。しかし前年の伊賀乱で壊滅的敗戦を喫した伊賀に馬は残っていなかった。有力者も居なくなったが、馬はもっと居なくなった。仮に少数の馬が残っていたとしてもそれらは新占領者織田（北畠）家又は滝川雄利支配下に押さえられていたと考えられる。よって天正10年6月の時点で支配者である滝川雄利が直接手配しない限り、伊賀は家康一行に馬を提供することができなかったと考えるべきである。

4）長谷川（竹）秀一の貢献
　家康一行には信長の指示で織田家家臣長谷川(竹)秀一が同行していた。秀一は元々信長の小姓で側近として織田政権の細かい動向に通じていたので、山口城の山口甚助とも顔見知りであり、かつ多羅尾光俊の六男藤左衛門光廣が三井寺勧学院で修行中に、上京の途次三井寺に投宿した信長が光廣を見付け、信長の指示で光廣が山口甚助の養子に入ることになった事情も承知していた。また秀一は多羅尾光俊が当時織田政権の中で3万石相当の格式で扱われていたことを知っており、多羅尾氏が1万石あたり200～300人の兵を出すという基準で3万石相当の兵すなわち1000人近くの兵力を伊賀乱の折に出陣させていたことを知っていたのである。つまり秀一は何の算段もなく山口・多羅尾のルートを頼ったのではなく、前年の伊賀乱での実績から見て確実に3万石相当の兵力を期待できる安全な滞在先として宇治田原山口城（山口氏）・信楽小川城（多羅尾氏）を頼ったのである。

　他方家康自身や側近たちは永禄5年(1562)鵜殿退治（上郡城の戦）で世話になった甲賀武士の伴氏や鵜飼氏には20年一世代経っていて連絡がつかず、外に南山城の山口氏や甲賀信楽の多羅尾氏に通じる情報ルートを持ち合わせてもおらず、秀一に頼るしか外になかったのである。まして服部半蔵正成は織田政権とは全く縁がなく、先述の通り正成が山口氏や多羅尾氏を選ぶことはあり得なかった。この様に役に立ってゆく長谷川秀一に対して、伊賀は何の受入れの場所も態勢もなく彼に活躍の場を全く提供できなかったのである。

5）信楽小川城は甲賀であって伊賀ではなく伊賀武士が集合した証拠はない
　6月2日山岡景隆に瀬田橋を焼き落されたために明智光秀は瀬田川の攻防で手間取り、近江

支配に後れを生じていた。それでも何時ものように坂本城から湖上を渡ることで必要な軍を動かし、6月3日には安土城と共に日野と甲賀を除く近江のほぼ全域を支配下に置いていた。

6月4日付けの蒲生氏宛家康書状が山中氏に託けられている点から見て、6月3日夜の小川城での甲賀武士たちの会合で明智軍と伊賀落武者狩勢の厳密な情勢分析が行われたはずで、6月4日早暁の時点では日野と甲賀の南半分が家康の安全地帯として残っていたのではないか。この会合に伊賀武士が出席していたとの証拠は一切なく、山口・多羅尾・山岡の各氏の外、和田氏、美濃部氏、竹島氏、山中氏、佐治氏等の甲賀武士たちが出席したはずで、これらのメンバーからは、大部隊を組んで伊賀の真ん中を馬で押し渡るというのでなく、比較的少人数で甲賀の安全地帯を隠密裏に機動性高く通り和田城を目指すという方向性が打ち出されたのではないか。小川城そのものが甲賀にあり、和田城も甲賀にあり、そこに集まった者が甲賀武士ばかりであり、案内し警護するものが皆甲賀武士であるとしたとき、彼らの出した結論はそれ以外にはあり得ず、上記の通り「安全で知った道を機動的に移動」となったはずである。

6）伊賀には同時代史料が存在しない

甲賀には少なくとも二件の本件に関する同時代史料が存在するが、伊賀では同時代史料が一切発見されていない。また事件から江戸時代初期までの間には江戸やその他の地域例えば奈良や京都やポルトガルなどに同時代に近い伝聞書留型の史料が存在し、確かにその半数程度が伊賀路や伊賀越を記述しているが、そのいずれもが伝聞型で地名などの具体性や行動内容の現実性に乏しく伊賀越えの確証とはなり得ていない。その後18世紀には伊賀越えを主張する伊賀系の文書・典籍が多数出てくるが、どれもが願望を記すだけの物語本で三次史料と断ずべき代物で、どれ一つとして出典や具体的確証を示していない。無いものは無いのである。

7）『石川忠房留書』への妄信

『石川忠総留書』坤（後編）には家康逃亡ルートが伊賀であったとして伊賀内のルートが詳しく書かれることになった。寛永18年（1641）に幕府の命で始まった『寛永諸家系図伝』編纂のための旗本各家への資料提出要請（寛永書上）には忠総の実家の大久保家も養子先の石川家も応じていて、それぞれ家系図が発表されたのであるが、そのいずれにも両家の家康一行の逃亡劇への参加が記載されていない。元々両家の原稿に書かれていなかったのか、あるいは原稿では書かれていたものが幕府の編集方針に従って途中削除されたものなのかは不明である。そしてこの後で発刊された、つまり事件からほぼ60年以上経った後に出された、事件の年に生まれた忠房による私的報告書『石川忠総留書』に異常に詳しい地名付き伊賀越えルートと大久保、石川両家の逃亡劇参加が発表されたのである。

客観的に見て異常な報告書であるが、「実父の大久保忠隣と義兄の石川康通が参加しているならその二人から聞いて書いた『石川忠総留書』の記載内容は信用できる」という理由でその参加者名と伊賀ルートが定説化してしまったのである。「複数の親族から聞いた話だから史実として信用できる」と云うとんでもない暴論であって歴史に対する冒とくである。また60年間世間

石川忠総とは

天正 10年（1582）	大久保忠隣の次男として生誕
慶長 元年（1596）	大久保忠総
慶長 3年（1598）	家康、秀忠に仕える
慶長 5年（1600）	石川家へ養子、石川忠総となる（義父：石川康通）小姓組頭
慶長 8年（1603）	主殿頭（とのものかみ）
慶長 12年（1607）	石川康通歿
慶長 14年（1609）	石川忠総が石川家の家督を相続、大垣城主
慶長 19年（1614）	大久保忠隣が家康の勘気を蒙り閉居謹慎、石川忠総も謹慎
元和 2年（1616）	石川忠総日田城主
寛永 10年（1633）	石川忠総佐倉城主
寛永 11年（1634）	石川忠総膳所城主
寛永 18年（1641） ～寛永 20年（1643）	この間に各大名家より寛永書上提出、 『寛永諸家系図伝』幕府刊行、『石川忠総留書』私的刊行
慶安 3年（1650）	石川忠総歿

の誰もが知り得なかった事実を60年前に生まれた人間が詳細にわたって世に初めて公開するなどと云うことは事実に当たるものを捏造しない限りあり得ないことである。

仮に大久保忠隣と石川康通が参加していたとしても緊急事態の中では所詮受け身の第二者であって、自動車の助手席に乗せられた者が走行ルートを記憶できない状態になることはよく経験することで、まして家康と数人の責任者でなければ世話になった相手が山口氏や多羅尾氏であったことさえも知り得ず、彼らはその他大勢下役状態と想像する。途中で出会った人物や細かい地名を覚えているはずがないのである。つまり、当日案内をした当事者である多羅尾光太などの第一者なら具体的な地名やルートを覚えていて述べることが出来るが、江戸にいる人間にいくら聞いても無駄であることを意味する。複数の近親者であるからその内容は信用できるとはなり得ないのである。つまり捏造である。

また忠総がこの書物を刊行したのは膳所藩主になって10年余りたった頃である。この間房総や九州では伊賀の情報を集められないので、伊賀の情報は膳所藩主になってから集めたものであろう。ところが膳所から伊賀へ行く途中にあり、馬で2時間の距離にある多羅尾村に、当時80歳代の高齢ながら生存していた代官多羅尾光太に取材していないのである。第一者に取材しないのでは捏造といわれても仕方がないのではないか。

石川忠総留書（坤）家康の逃亡劇に関する部分翻刻文

一、天正十年六月三日　東照権現様泉州堺ヨリ伊賀路御道御帰国之道法之事

堺ヨリ山城国宇治原江、同日八ツ時分ニ御着被成、山口玄番御馳走仕、御弁当差上候、堺、平野、阿部、山ノイキ、尊念寺、草地、宇治田原、

行程三十里

一、宇治田原御立、山田村江、御懸り、別当ト申出家御案内仕、信楽ノ内小川村江御通被成、多羅尾道賀所ノ御一宿被成候由

宇治田原二リ半　山田村一リ半　朝宮二リ　小川

堺ヨリ小川迄十九リ

一、六月四日小川村御立被成、多羅尾隠助御案内仕、丸柱村江致御供、宮田ト申仁アリ、柘植迄送リ、柘植ヨリ小目地九左衛門、柘植平蔵両人御案内仕、鹿伏兎致御供、カブトヨリ野呂ト申仁アリ、関ノ地蔵迄御案内仕之由、関ヨリ海道ヲ直ニ四ケ市迄御通、此所ニテ水谷九左衛門御馳走仕、四リヨリ御舟ニ被召之由

小川ヨリ四日市迄行程十七里

小川半リ　向山一リ　丸柱一リ　石川半リ河合一リ半

柘植二リ　鹿伏兎二リ　関一リ半

石薬師二リ　四市一リ半　那古

更に、忠総は『石川忠総留書』坤の中で丸柱村の宮田なる人物が家康一行を歓待したと記述するのであるが、この宮田氏は前年の伊賀乱の際、多羅尾氏ら甲賀武士によって丸柱村の宮田氏城を焼かれ、翌日逃亡先の比自山城で織田軍に敗戦していてここで戦死か没落（逃亡）している。その宮田氏が9ケ月後に勝利軍の多羅尾・山岡・和田ら甲賀武士の前にノコノコと現れることはあり得ず、現に明治になっ

てからの同村の調査報告書では宮田氏は藤堂藩に至る時代、有力者としては村に存在しなかったと述べている（2）。つまり宮田氏の歓待話は捏造であるということになる。このように『石川忠総留書』は従来の評価とは異なり、極めて疑わしい書籍、もっと有り体に言えば天下の偽書であるとして排除すべきものであると考える。

8）伊賀系文書・典籍では伊賀越えオンパレード

　１８世紀にかかる元禄末期のころからなぜか「伊賀越え」を主張する伊賀系の文書や典籍が増加する。『伊賀国誌　中』(1699)、『伊賀者由緒幷御陣御供書付』(1726)、『伊賀者由緒書』(1761)等々多数あるがいずれもが「神君伊賀越え」による伊賀者の家康への貢献を主張している。どうやら『石川忠総留書』で自信を得た伊賀系の人々が「伊賀越え」を前提にした由緒や歴史を三次史料として語る傾向が顕著になったらしい。

　このことと似た現象はほぼ同時期の甲賀にもあり、多くの「甲賀者の由緒書」が甲賀にも残されている。甲賀の場合は「甲賀越え」ではなく「鵜殿退治」や「伏見城籠城戦」での家康への貢献を主張するものであったのに対し、伊賀においては「神君伊賀越え」における家康への貢献を主張のメインに据えている。しかし、注目すべきはこれらの文書・典籍には「伊賀越え」であることを示す起請文等の具体的証拠が何一つ提示されておらず、伊賀者たちの活躍や貢献のみが主張されているという事実である。根拠のない自信とでもいうべき雰囲気が伊賀国中を覆いつくしていたと云えるのではなかろうか。

9）傍証：伊賀からの有力御家人の少なさ

　伊賀及び甲賀出身の江戸幕府御家人の数を比較すると下の表のようになる。５００石以上の旗本の人数だけが２００年ほど新しい時代の数字だが全体的な傾向は確実に捉えている。伊賀は国であり、甲賀は近江国の１２分の１の郡に過ぎないが、江戸幕府に登用になった御家人では甲賀は伊賀に負けておらず、特に高級な御家人ほど甲賀出身者が多い傾向がある。この中には多羅尾、山岡、山口、和田、美濃部、武島といった本件逃走劇で支援して活躍した甲賀武士が江戸時代に入って登用されたと明らかな者たちが多く含まれている。この点でも伊賀越えではなく実質甲賀越えであったと理解するのが正しいのではなかろうか。

　他方、下級武士となった者の数では伊賀の方が多く、かつ伊賀者の採用は甲賀よりも早く江戸幕府発足以前から駿府や江戸で始まっていた点も考慮すると、伊賀者の多くは福地氏によって集められて、柘植以降の「加

伊賀及び甲賀出身の江戸幕府御家人比較

時代	役職	伊賀		甲賀
江戸初期	大名	0		4　池田輝政、池田三吉、中村一忠、山岡道阿弥
江戸初期	永世代官	0		1　多羅尾光太
1800年頃	500石以上の旗本	14	高井、柘植、柘植、柘植、中條、服部、服部、服部、服部、服部、服部、服部、藤本、山田	29　青木、青木、上野、黒川、篠山、武嶋、武嶋、滝川、谷、谷、多羅尾、伴、三雲、三雲、美濃部、美濃部、美濃部、美濃部、美濃部、山口、山口、山口、山林、山村、山岡、山岡、山岡、山中、和田
江戸初期	200石以上の与力	20	（伊賀弐百人組組頭）	10（江戸甲賀百人組組頭）
江戸初期	100石以下の同心	＞200	（伊賀弐百人組）ほか	100（江戸甲賀百人組）10人×10組

57

太越え」で支援した者たち、がいつの間にか「伊賀越え」で貢献したことにすり替えられてき
たものと理解してはいかがであろう。

　そもそも「伊賀越え」を端なっから無理なものとしてしまう要因としては、服部半蔵正成、
乱後の危険地帯としての伊賀、馬のいない伊賀を挙げることができる。次いで史実として、長
谷川（竹）秀一の存在、小川城に伊賀者が集合した事実がない、伊賀には同時代史料が存在し
ない（甲賀には存在する）ことを挙げることができる。第三に文書典籍等について『石川忠房
留書』の欺瞞性、18世紀に入って急に増える伊賀系文書典籍の実証性の無さ、伊賀出身江戸幕
府高級御家人の少なさを挙げることができる。以上のどこをとっても「神君伊賀越え」を否定
するものばかりである。

第二章　「神君甲賀越え」を支持する証拠

　もし「神君伊賀越え」が不採用となった時、その代案となり得るのは「神君甲賀越え」であ
ると思われるが、それは確かなのか検証してみたい。

1）客観的に見て岡崎への残された帰路は甲賀のみ

　堺から岡崎へ抜ける主要ルートは次の六つしかない。

　　京都・丹波から丹後・若狭越前迂回ルートは明智の本拠地を通るので無理、
　　京都から湖西街道・中山道・東海道も明智に京都・安土を抑えられていて無理、
　　信楽ルートは織田臣従者多く未だ明智は攻めて来てない、甲賀は一応安全、
　　大和・伊賀・伊勢も家康／筒井順慶間の信頼度今一つで疑問
　　　　　　　さらにその先伊賀の中央部を横切る不安で危険、
　　紀州ルートは根来衆・雑賀衆等織田政権にまつろわぬ者達多く極めて危険、
　　堺から海路も熊野灘海賊に不安有、余程の大船団を組めぬ限りかなり危険、

　結局、信長が元亀元年の争乱時に行って成功した近江南部の西東中央突破を今回は近江の更
に南側ルートでもう一度試みるしかないということである。

2）長谷川秀一が山口城・小川城へ導いた

　長谷川秀一は安土で信長の下に居て、上記1）の判断を行うことが出来る広域情勢判断能力
を有しており、何よりも小姓として個人的に山口氏や多羅尾氏をよく知っていて面識があり、
かつ山口・多羅尾の姻戚関係で山口へ行けば多羅尾へ繋がることが出来ると云う重要ポイント
や多羅尾の兵力規模や前年の参戦状況をすべて把握していたことが重要である。つまり秀一は
単に人伝手を求めたのでは無く、信頼できかつ安全を確保できる軍事力（兵力）を求めたもの
と理解すべきである。その場合信楽は山中にあって近江の中でも簡単には攻めることが難しく
要害堅固で、明智も伊賀落ち武者軍も簡単には攻めて来ることが出来ないことを想定して信楽
へ導いた点も重要である。山口城はそれほど堅固ではなかったが、小川城は高所にあって極め

て守りが堅固に造られており、従来ともすれば小川の浄土宗浄福寺の宿泊でもよかったのではないかなどという呑気な議論があったが、御大将は夜襲を受けることを想定した厳重な防衛体制が必要であった戦時の感性が重要である。

ただしこの時どうして家康が秀一の提案に乗ったのか、その積極的な理由を見付けることは困難であり、どちらかと云えば家康一行にはほかに確信の持てる案が無かったという消極的な理由に落ち着くかもしれない。敢えていれば、家康のこの20年の百戦錬磨がなせる戦場感と指揮官としての臨戦感覚が秀一の示した大局感を良しとしたということではないか。

3）家康が多羅尾を頼ったのは史実

家康が取り敢えず秀一の案に乗ったとしても、最終的に家康が多羅尾に頼ることを決めたのはどの時点であったかはあいまいさが残る。多羅尾光俊は安土に出入りしていてもまだ馬廻りか少し上程度で、決して上級の武将ではなかったのでそこまで家康に知られておらず、20年前に光俊が今川の将であった家康に援軍に行ったことが仮にあったとしても、家康がそんなことを覚えているのは無理であり家康側にそれなりの不安があって当然である。しかし多羅尾軍の城なり兵の備えを見た時、家康は覚悟したはずである。「今夜この軍に衛られて生き延びるか、或はこの軍に焼き殺されるか二つに一つだ。」と。家康は参戦していないが、この前年多羅尾は伊賀攻めに参戦して戦果を挙げ、論功行賞で3万石相当の恩賞を受け取り、それなりの軍備を備えていたはずである。秀一もそれを当てにして来ており家康も武将としてこれに乗ってみようと覚悟したはずである。

更に今次家康一行が安土から堺へ向かう途次瀬田を通過した折、山岡一族から家康へ挨拶があったはずで、その山岡一族から景隆（長男瀬田城主）、景佐（二男膳所城主）が明智の誘いを断って瀬田唐橋を焼き落とした上でこの小川城に来ていて会議にも参加し、警備にも参加し明日の護衛にもついてくれるというのは家康の大きな安心材料になったものと思われる。現時点では未確認ではあるが、山岡景佐が6月2日の朝には蒲生氏郷とともに安土城に居て、信長自害の一報を得て氏郷が安土城防衛と織田一族の救出に動くのを確認したうえで瀬田へ戻り兄とともに瀬田唐橋を焼き落としたとの地元伝承もあり、家康は明智勢の動きをかなり詳しく把握できたのではないか。

6月4日早暁、無事生き延びて岡崎へ帰ることができそうだと分かった時、家康は当時としては通例通りの手続きではあったが、恐らく強烈な喜びで格別な誓状(起請文)を執筆し光俊に渡して小川城を出て行ったはずである。現在失われてしまっているが、これが江戸時代3回(5回)も多羅尾家を救うことになる。そんな風に家康は小川城に宿泊し、無事通過して行ったのである。

尚こんなに多羅尾に世話になった家康であったが、起請文こそ多羅尾に渡したがそのことも多羅尾に世話になった事実さえも決して吹聴しようとしなかった。それどころか家康はそんな事実があったことを抹消しようとしてさえいたように見える。理由はこの直後から家康と秀吉

59

の関係がどんどん微妙になり、家康に協力した武士たちが秀吉にどんどん排斥され出したからである。特に多羅尾家は浅野家を通じて秀次との関係が深まり、最盛期には9万石を受け取るまで豊臣政権下で出世したが、その後秀次事件に連座して急転直下改易され娘も三条河原で斬首されるという衝撃的な変遷を経たために、家康としては多羅尾家との関係を極めて慎重に取り扱っていた模様である。苦境の多羅尾家から三男光雅を預かり、浜松や駿府でそっと扶持を与えていたと云われている。

4）6月3日夜小川城に集結したのは甲賀武士ばかり

この夜山口藤左衛門や多羅尾光俊や山岡景隆からの呼びかけに応じて集まったのは広義の甲賀武士達、それも目下安土に勤めあげ前年の伊賀乱にも参陣した実績のある者たちばかりであった。

```
山口氏  ：山口藤左衛門光廣
多羅尾氏：多羅尾光俊、多羅尾光太、多羅尾光雅
山岡氏  ：山岡景隆、山岡景佐、山岡景民、山岡景定
和田氏  ：和田定教、和田惟長
山中氏  ：山中俊好？
美濃部氏：美濃部茂濃
武島氏  ：武島茂幸
佐治氏  ：佐治為次？
```

ここに伊賀衆の姿は全く無く、全て織田政権内で近江衆又は甲賀衆と呼ばれている者達ばかりで、かつての本貫地や親元を含めると広い意味での甲賀衆、甲賀武士と呼んでよい者達ばかりである。ちなみに瀬田（栗太郡）の山岡氏の本貫地は和田村の隣の毛枚村で、山岡景隆の母は和田惟政の妹とされる。要するに今は分かれていても地縁の仲間なのである。また山口藤左衛門光廣は今は山城武士であるが、多羅尾光俊の六男で元々甲賀武士である。

山中俊好については同家に蒲生親子宛家康書状が残っており、また佐治為次は甲賀ゆれに際して秀吉に反旗を翻して討死していて織田家や徳川家への連帯感を感じる所があり、両者とも小川城に集合していた可能性が高いが、現時点では確認できていない。

5）甲賀には十分な馬が居た

甲賀では前年の伊賀乱参戦に際し実際に馬を参戦させており、戦いに勝利した以上はほとんど無傷か場合によっては参戦前よりも馬の数を増やして帰ってきている可能性もある。それからまだ9か月しか経っておらず、次の出陣に備えて馬は慎重に成育されていたはずである。

この場合、前年の伊賀乱に参陣した甲賀衆と今回家康のために集合した甲賀衆とがほとんど同じ顔ぶれである点が天の配材とは言え、恐ろしいほどの偶然の一致である。結果的に馬を連れて来る事ができ、かつ戦闘実績のある甲賀武士が呼び集められたということである。

6）甲賀伊賀越え間道は実在する　（朝日新聞 2020.6.13(土) 特集記事参照）

　まだ確定するには早すぎるが、近江伊賀国境の甲賀側には幾本かの古道の間道が見付かっており、伊賀側から見えにくいこと、極端なアップダウンが無く、馬 1 頭がゆっくりと走れる幅があることや、途中馬の給水場所も確保できることなどが確認されている。また甲賀から最後に伊賀の柘植地区に出る際、和田城から柘植の徳永寺に向ってほぼ直線的に同様な間道が続いていることも分かっている。ここの部分だけで見れば、秀吉が信長のために山陽道に設けたと云われている軍用道路や、柴田勝家が賤ヶ岳に向って敷設した軍用道路にも匹敵すると思われる細いが立派な道路である。これらは伊賀乱に際して準備として整備されたものかもしれないが今後の詳細な調査を待ちたい。

7）甲賀には甲賀越を支持する同時代文書が存在する
①天正 10 年 6 月 12 日付け和田定教宛て家康起請文（「和田文書」）

(1582)

敬白起請文之事
一、今度質物早速被出候段、祝着之事
一、御身上向後見放申間敷段、
　　可然様可令馳走事、
一、何事モ抜公事、表裏有間敷事
右条、若於令違犯之上ハ、
梵天・帝釈・四大天王、
惣日本国中六十余州大小神祇、
別而伊豆・箱根両所権現、三島大明神、
富士・白山妙理大権現、
天満大自在天神部類眷属、
八幡大菩薩、
神罰・冥利可蒙罷者也、
仍起請文之状如件
　天正十年壬午六月十二日
　　　　和田八郎殿
　　　　　　定教　　　　　家康

徳川家康起請文写（和田文書）

　家康がこの逃亡劇から無事生還して一週間後に岡崎で感謝を込めて認めたと思われる感謝状／誓い状である。初対面の家康に対して安心してもらうために自分の方から人質を提出して協力した和田定教に対して「今後決して悪いようにしない」と誓っている。

61

②天正十年6月4日付け蒲生賢秀・氏郷親子宛て家康書状（「山中文書」神宮文庫在）

徳川家康書状写（「山中文書」）

急度以書状申候、
其城堅固ニ被相抱之由尤候、
御君達衆御無沙汰候者雖有間敷候、
弥御馳走大慶可為満足候、
信長以来之御厚恩難忘候之間、
是非惟明智可成敗候之条、
可御心安候、
無異儀其面被拘可有事専要候、
恐々謹言
天正十年
六月四日
　　　　徳川
　　　　家康
蒲生右兵衛大助殿　賢秀
同忠三郎殿　秀郷

文章的には明智への復讐を誓っている以外さしたる内容も無さそうであるが、実は家康と蒲生親子の間で安土や日野での明智軍の状況把握が情報共有されており、有力な仲介者（恐らくは山中俊好、領地が日野と隣接している）による敏速な情報伝達が行われていたことを想像させる。更にこの書状の裏の意味は、「最悪のケースが起こった時、我々は伊賀へは入れずに甲賀から北上して日野の蒲生親子の元へ行くので、その時は10年前の信長の「千草越え」と同様に我々を援けて欲しい」というサインを送ることであった。実は元亀元年家康自身が金ヶ崎ののき口の後、三河へ帰る際に実際に蒲生親子に世話になり信長と共にこの道（千草峠）を通っているのである。この書状に「誰誰に説明させる」と書いてない所がかえって意味があり、当時の緊迫感を反映している。

③幻の天正十年6月4日付け多羅尾光俊宛家康誓い状（起請文）

③信楽代官多羅尾家の記録　268年間に3度の代官罷免と2度のお家閉門から復活できた

高橋伸拓氏講演資料より

和暦	西暦	歴代	歴代氏名	支配高（石）	支配地	特記事項
慶長5年	1600	0	多羅尾光俊	0	信楽のみ	信楽約5000石
慶長5年	1600	1	多羅尾光太		近江各地	信楽1500石の外に近辺の料地を支配約2万石
正保4年	1647	2	多羅尾光好		近江各地	寛文7年(1667)代官罷免、閉門
						寛文9年(1669)代官再任
延宝3年	1675	3	多羅尾光忠	20,058	近江	貞享2年(1685)代官罷免、閉門
						貞享3年(1686)閉門復帰、宝永3年(1706)代官再任
享保10年	1725	4	多羅尾光脩	28,006	近江伊勢	
享保18年	1733	5	多羅尾光晴	47,040	近江甲賀	大坂役所設置、川普請奉行兼務
明和8年	1771	6	多羅尾光曜			安永3年(1774)代官罷免、天明元年(1781)代官再任
寛政10年	1798	7	多羅尾光禄	61,606	近江伊勢大和美濃	四日市出張陣屋設置
文化11年	1814	8	多羅尾光純		近江伊勢	
天保8年	1837	9	多羅尾綱門	55,354	近江伊勢美濃	
慶応3年	1867	10	多羅尾綱光之助	112,692	近江伊勢河内山城	
慶応4年	1868	11	多羅尾綱光之助	0		

多羅尾家は江戸時代260数年を通じて江戸幕府代官を勤めた全国に三軒しかない「永世代官家」の一軒であるが、実はこの期間中に3度の代官罷免と2度の閉門（お家取り潰し）を将軍命で申し渡されている。しかしこのすべてについて幕府の決定を覆して多羅尾家は永世代官に復帰し、家門も復興できている。江戸時代将軍より偉いのは「権現様」しかおらず、将軍が決定を覆さねばならぬほどの威力を持つ誓状の存在を裏付けるものである。現在見つかっていないので文案は分からないが、かなり明快な「家康逃亡支援」の謝礼としての起請文が存在したことが推定できる（3）。

④和田定教家系図（寛永諸家系図伝）

この系図の貴重なところは、実は寛永年間ではあるが家康没後25年の幕府公認の最初の家系図集である『寛永諸家系図伝』の中に堂々と以下の如く引用されている点である（4）。

「天正十年、信長害にあふとき、大権現和泉の境より甲賀の山路を経て御下向の刻、　忠節をつくす。大権現これを感美したまひて、誓状をたまハる。今にあり。」

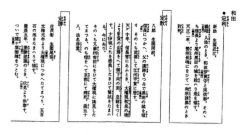

④和田氏の家康支援は幕府公認

「今にあり」とは事件から60年後の寛永18年頃①の家康の誓状が実在しており、この家康起請文は本物であり、家康一行を和田定教が支援したことが史実であることをワンセットで示している。また、この中でその他大勢の客人でなくガイド当人の子孫が「甲賀の山路を経て御下向」と明記している点も同時代史料的価値があり重要である。

8）幕府上級御家人となった者の人数は伊賀より甲賀の方がはるかに多い

先に示した「伊賀越え」否定要素の裏返しであるが、近江国12郡の1郡でしかない甲賀郡からの江戸幕府高級官僚への採用者が伊賀一国4郡からの採用者に較べてはるかに多い。大名では4－0、永世代官では1－0,500石以上の旗本（お目見以上）では約30－15とすべて甲賀が圧倒しており、家康の甲賀と伊賀に対する評価がまるで異なると云える。

200石程度以下の中下級官僚については逆転して、伊賀からの採用者数が甲賀からの採用者数の2倍程度となるが、伊賀衆は江戸幕府発足以前から浜松や駿府で下役から勤めあげていた経緯があり、かつ本件「甲賀伊賀越え」においてもこの区間最後の柘植から関に到る(伊賀から伊勢への)いわゆる「鹿伏兎越え」に参加した柘植近辺の農民が多かったことによるものであろう。

第三章　甲賀武士は何故家康を援けたのか

それにしても甲賀武士側には協力を断るという選択肢もあったはずであるが、なぜ甲賀武士たちは家康一行への支援を行ったのであろうか。

1）甲賀武士は明智光秀と格別親しくない

6月2日ないし3日の段階で、光秀は安土城を中心に広く近江国を支配しようとしたが、秀吉の居城長浜城は攻め落としたのに、なぜか日野や甲賀郡に対して攻め込んで抑えるといった方法を取らず、知人に対して使者を派遣して統治に協力を求めるといった方式を取った模様である。その知人が全くいなかったのか、その知人に反対されたのか、あるいはその知人が無力だったのか、6月4日早朝段階では甲賀の広い部分が明智軍に抑えられるという事態は起こっていなかった。

甲賀武士は当然それまでに安土城で光秀と幾度も会っていたはずであるが、近江国内で光秀が担当したのはあくまで湖西地区であって、甲賀衆は光秀の担当外でどうやら直接の接点がなかった模様である。結果としてこの際光秀に協力して立ち上がろうとの動きも甲賀では起こらなかった。

2）甲賀武士は家康と格別よくもないが、悪い関係ではなかった

　永禄5年の鵜殿退治では多くの甲賀武士が活躍したと伝わるが、20年ひと世代経って個人間の繋がりは途切れ、家康も家臣も甲賀武士個人を思い出せる状態ではなかった。甲賀武士側も家康に対して格別の想いを持っていた訳ではない。

　しかしこの数日前に安土から境へ向かう家康一行と長谷川秀一を瀬田で見送った山岡一族が、家康一行の難儀を容易に想像できて、「窮鳥懐に入れば猟師もこれを撃たず」としたのではないか。或はこの時山岡が光秀の誘いを断って瀬田橋を焼き落としたのには何か格別の理由があるのかもしれないが、その点は未解明である。ただここで光秀と争うことを選んだことで周りの甲賀武士が山岡に同調して光秀に抗して家康を援けることになった可能性もある。いずれにせよ甲賀武士が進んで家康を支援したということではないようである。

3）織田政権の中で甲賀武士たちは小姓的小集団

　天正元年の野洲川原の戦いで六角方として参戦した甲賀衆と伊賀衆は柴田勝家軍と戦い、850人以上の死者を出して大敗北し、甲賀郡は実質織田領となった。この時点で三雲氏や望月氏など少数の例外はあったがほとんどの甲賀衆が六角を離れ織田方に転じた。この時信長は勝家に甲賀衆を預けることをせず、三雲や望月のまつろわぬ者たちを承知の上で甲賀衆を自ら直轄統治し、甲賀衆たちが旧領を従来通り領知することを認めた。どうやら信長は幼少時から共に育った池田恒興や滝川一益から、さらには佐治氏や和田氏のルートからも甲賀の情報を得てきており、それなりの親近感やいざとなれば恒興や一益を出せば治まるとの安心感があったものと思われる。信長は甲賀衆を呼び寄せ安土城内で相撲を取らせたり、左義長にも甲賀衆として参加させたり、わざわざ甲賀衆に安土城天守を見物させたりしている（5）。

　甲賀は織田政権下にあるとはいえ、織田政権の内部に出入りを許されている甲賀衆は実はかなり限られていて、永禄11年の信長上洛の折またはその後天正元年の野洲川の戦までの間に比較的早期に信長に臣従した者たちだけが織田の甲賀衆と称されていた。せいぜい20人程度である。彼ら甲賀衆は政権内で小姓的な活動を通じて実績があってお互い顔見知りであり、互いに信頼できる関係にあった。また前年には伊賀乱に参戦して実戦経験があり、お互いの兵力や馬や戦闘能力をよく知っていた。

　さらに安土でこれらの小姓的な甲賀衆と長谷川（竹）秀一は信長側近の仕事仲間であり、秀一から頼まれたので仲間でやり遂げようとなった可能性も否定できない。つまり家康から頼まれたから協力するのではなく、秀一個人または織田政権から頼まれたので甲賀武士たちは家康一行の逃避行に協力したのではないか。

4）地縁も加味すると

　長谷川秀一と甲賀衆との友達的乗りに加えて、山岡氏がやってしまった決定に対する地縁的

応援の要素も加わってアトに引けぬ状況になったとも考えられる。つまり初めは行きがかりから引き受けたものの、織田政権が存続してほしいと望む甲賀武士の集団が、その仲間であるとして家康を援けて三河へ逃がしたそれが実態ではなかったか。

参考文献資料

（1）　国立公文書館（旧内閣文庫 30797 号）「甲賀二十一家先祖書　全」望月継三郎条ならびに田村幹夫田村直美共著『望月氏と慈眼寺』2023 年　慈眼寺（甲賀市甲南町野田）

（2）　三重県伊賀郡丸柱村『地誌取調書』明治二十一年

（3）　高橋伸拓『信楽御役所の成立と盛衰』2015.3.6 講演時配布資料（於多羅尾公民館）

（4）　平野仁也著『江戸幕府の歴史編纂事業と創業史』2020 年

（5）　『信長公記』

作業小屋　ブログ

ブログ１　ボチボチですが、やっとブログを始めることが出来ます。

2023.2.21

　このホームページを開設して２ケ月半になりますが、すべてがが他人様頼りでした。ここに来てやっと少しは自分でできる部分が出て来たので、この際ボチボチと甲賀者に係る話題を若干の私見と共にお伝えします。毎日はとても無理なのでせいぜい一週間に一度いや一か月に一度更新を目指します。

本日の話題

　２月22日忍者の日に甲賀市より「甲賀武士・甲賀者関係資料集」第５巻として『杣中木村本家文書－尾張藩甲賀者関係史料－、軍法間林清陽巻中』が刊行されました。杣中木村本家は尾張藩忍び甲賀五人の初代頭を務めた甲賀忍者木村奥之助の生家です。奥之助に繋がる直接資料は全246点中８件と多くはありませんが、木村家の地域における存在感を知ることのできる貴重な史料群です。

間林清陽中巻の翻刻、現代語訳も付いてきます。

　「間林清陽」は昨年甲賀市で中巻が発見されたことでTVや新聞で話題になりましたが、この文書に何が書かれているかを知るにはこの本を入手していただくのが一番です。甲賀市観光協会又はリアル甲賀忍者館で入手可能です。

ブログ２　神君甲賀越TVロケハンにお付き合いして

2023.3.3

　本日は神君甲賀越をTVで取り上げて戴けるということで、そのロケハンにお供した。主役は谷君にお任せし、当方はサポートに徹することにしてロケ地探しに宇治田原遍照院から柘植徳永寺迄終日お付き合いさせていただいた。定説や旧弊に拘らず柔軟に発想しようとするディレクターの姿勢に感服したが、その背景には世の中の動向が鋭敏に反映されていることを実感した。

　どんな内容になるかは、あくまで仕上げを御覧じろということにしておきたいが、途中での個別現場での意見交換などを通じて終日感じたことは、石川忠総はどうしてあんな馬鹿なことを書いたのだろうか、そしてどうして多くの人達がそれを信じ込んでしまったのだろうかという思いであった。

ブログ3　湖南の十一面観音

2023.3.3

　滋賀県は十一面観音の宝庫である。昭和50年というから今からおよそ50年も前のことになるが、時の売れっ子作家井上靖が『星と祭』でとりあげたこともあり、湖北の十一面観音が地元民が集落で守り続けて来たケースもあってとくに有名であるが、湖南にも実に多くの十一面観音が居られる。大津（旧志賀郡）、栗太郡、蒲生郡、甲賀郡に特に多く、かつてはこの地区の十一面観音様だけを廻る湖南観音霊場巡りもあった。今日でも続けておられる方も多い。自分はそこまで熱心ではないが、甲賀在住中の20年間には本当に多くの観音様にお目に掛った。大半が平安時代から鎌倉時代の木造で、残念ながら作者が不明のため国宝になれず、重文止まりとなっているが、実力的には他県なら国宝になるレベルの観音様がたくさんおられる。

　2月28日には仲間にお世話いただいて、竜王町の幾軒かのお寺をお訪ねし、二躰の十一面観音様と阿弥陀様やお地蔵さまに御目に掛って来た。何れもそれほど高名なお寺ではなくどちらかというと地元でひっそりと信仰されているという風情であったが、それぞれに地元との一体感というかしっとり感が感じられた。

　この地元との一体感は甲賀の十一面観音でも感じていたもので、平安時代に比叡山の地元で浸透していった天台宗の普及と天台寺院による造仏活動が湖南一帯に植え付けて行ったもののような気がする。この宗教的環境が後の甲賀武士や甲賀忍者といわれる人達の精神や心情の淵源の一つとなったのではなかろうか。

ブログ4　古文書の世界に息吹を与え、生気を蘇らせるもの

2023.3.13

　WBCでの日本チームの活躍が目覚ましい。ほぼ全員がそれぞれに的確に役割を果たし、ほぼ全員が順繰りにヒーローになる素晴らしい展開である。これは個々人の能力の高さと意識の高さが集積された結果であるが、これらを見極め的確に運用して見せる指揮官の慧眼と有能さの結果でもあることは誰もが認めるところであろう。しかしこの他にも彼らを輝かせている今は気付ていない要因がある気がする。

　話は飛ぶが、この2週間に2度伊藤誠之氏のお話を伺う機会があった。何れも初級古文書講座のような場で、一つは古文書を読むうえで必須の江戸時代の制度その他の一般常識であり、今一つは甲賀という地域の古文書の特性の解説であった。古文書が或は古文書群が一つの大きな意味合いを持つことになるためには、先ずは書かれていることが文字として文章として正確に読み解かれて現代人の我々にも読める活字の文章状態になる事が必要であるが、99％の人はここで挫折して先へ進めない。私も同じでどうしてもあのくねくねした字を見ると先へ行けない。

　しかし現代は国会図書館や公文書館或は大学や研究機関、さらには民間や地方の図書館や資料館など官民の機関がこぞって古文書のデジタル映像公開やその翻刻資料のネット公開などに取り組まれて、我々素人でも少し頑張れば活字文章になった古文書を入手できる様になった。更に地方にあっても人の目につきにくい古文書を発掘してコツコツと翻刻して刊行して世に出される仕事に取り組まれている伊藤誠之さんの様な方もおられる。色々な人が努力をされた結果として我々のような素人でも読めるような形で古文書の書かれた内容が手に入るのは本当にありがたい。

　ただ素人の悲しさというのが厳然と存在していて、その古文書が書かれた時代の国や地方の制度や時代背景などの常識や理解力が欠落していて、文章は読めても内容を的確に把握することが出来ない事がしばしば起こる。この点で前述の初級古文書講座のような機会があると我々には大変助かりますということである。そこで色々とご指導いただきつつボチボチと先祖たちの行動の背景を解き起こしたりする素人歴史家ごっこを行うことになるのだが、ここでたまに気付くのが玄人の陥りやすい落とし穴があるということである。「神君伊賀越」から脱却できないのがその代表例であるが、その外にも少なくとも二点は見つけている。

　もう一つ古文書を読むうえで気になっていることがある。それは中央や藩庁のような公館庁で書かれたものを別にすればほとんどは個人によって書かれていると云う点である。その個人にはその人の個人生活があり個人の損得があり個人の感情があったはずなのにそういった私的なものを一切抜きにした型通りの解釈をする傾向が強いという点である。印刷された翻刻文を読むときはますますその傾向が強くなる気がしている。ここに地方に住む素人でもその古文書に係る個人の知られざる情報を提供することで中央や大学にいる歴史の「玄人」には決して出

来ない大切な役割があると信じている。WBCの戦士たちがあくまで個人の集まりであるのにひとつの目的を達成しようとしているように、古文書の世界でも型通りに公式的に理解するのではなく、個人が書いた文書がそこにあると考えて理解のレベルを一段階揚げる努力が必要ではないだろうか。

ブログ5　甲賀の自然は穏やかで豊かです

2023.3.23

　3月中旬、甲賀の野には若葉が芽吹きます。柿の木の下のフキ畑にはフキノトウが芽を出し、田んぼの畦にはつくしが芽を出します。今年もてんぷらや、フキノトウみそや佃煮にして早春の恵みであるほろ苦さを美味しくいただきました。実はこの時期ジャガイモを植え付け、10種類ほどの春野菜の種を畑に直か播しました。一週間で小松菜などの芽が出そろいます。

　1月、2月に降った雪がウソのようなこの暖かさ、穏やかさが年間を通しての災害の少なさと相まって甲賀に安定した豊かさをもたらします。内陸性と共に琵琶湖の水が甲賀に瀬戸内海的温暖気候をもたらしているのです。甲賀の先人たちが事あるごとに発揮した「在地性」の一つの要因が、文化レベルの高さや政治的自律度と共に、この甲賀の豊かさにあったことは間違いありません。誰もがこの甲賀の地の豊かさを自覚しこの地を離れたくなかったのです。

ブログ6　嵯峨源氏と渡辺綱

2023.3.26

　嵯峨源氏とは平安時代初期の嵯峨天皇の第18皇子である源融（とおる）公を祖先とする一族を称する言葉で佐賀藩の松浦氏なども嵯峨源氏を名乗っているのであるが、この源融公の4代後の源綱公が大坂の渡辺津にあって初めて渡辺の姓を名乗ったことで全国のすべての渡辺さんの遠祖に当たるため、全ての渡辺氏は嵯峨源氏の一統であるとされている。

　渡辺綱は摂津源氏の源頼光に仕え、坂田金時などと共にその四天王の一人とされ、渡辺綱自身は大江山の鬼退治の英雄として広く知られている。渡辺綱は万寿2年（1025）に摂津の地で没し川西市の小童寺に祀られている。現在嵯峨源氏顕彰会が主として墓所のお守をしており、昨年には川西市の教育委員会とも話し合いの上、当会により渡辺綱公の説明版も新設された。

　実は本日午前中から嵯峨源氏顕彰会の集まりがあり、帰って来た甲賀者も参加した。この会には父親の時代から参加しており、小生も20年来の参加を続けていた。春には川西市の小童寺、夏には京都嵯峨野の清凉寺に集まるが、清凉寺には嵯峨天皇や檀林皇后、さらには源融公のお墓もあり時にはもと佐賀藩の松浦氏や全国渡辺会の渡辺昇会長などが参加されることがある。会ではまず皆で御廟やお墓の周りの草抜きや清掃を行い、その後法要を行った後に会食をして談笑を楽しんでいる。今日はあいにくの雨ふりの中有志が集まり、渡辺綱公の999回めの遠忌を行った。来年は1000回大遠忌に当たる。

ブログ7　石川忠総が城主であった膳所城は今

2023.4.4

好天に誘われて膳所城址方面へ散歩に出かけた。桜が満開を過ぎ花吹雪が舞いだしていた。

膳所城址公園正門

公園の広場

桜の老木（奥は琵琶湖面）

琵琶湖と比良山（奥）と比叡山（左プリンスホテル後方）

71

戦国時代、比叡山の麓の坂本には信長が光秀に作らせた坂本城があり、本能寺の変の後10日後には城主が居なかった。写真の左手奥に位置する大津港の近くに秀吉が作らせた大津城には後に京極高次が城主として入ったが関ヶ原の役の直前、お初の夫高次が東軍に組んだため西軍の攻撃を受け、関ヶ原決戦の同じ日、大津城では高次が降参し、高次は一時的に高野山へ送られた。関ヶ原に勝利した家康は全国最初の大名普請として膳所城を本格的な城として建設し、順次譜代の臣下に護らせた。

　京都への出入りを監視し、京都の動きそのものを監視し西の大名たちに対する備えでもあったはずだが、その割には結構頻繁に藩主（城主）が交代を繰り返しており、平和の時代の城の割には落ち着かぬ感じがする。加藤家、戸田家、石川家、本多家などが数年から10数年で交代している。寛永11年（1633）には二度目の石川家が城主となり、石川忠総が着任している。その7年後の寛永18年（1641）に幕府より系図元史料（寛永書上）を提出するよう指示があり、寛永20年（1643）には『寛永諸家系図伝』が完成して幕府より刊行されている。

　ところが幕府お墨付きの『寛永諸家系図伝』に掲載された石川家の正統系図には石川家の先祖が家康の「神君甲賀伊賀越」に同行して貢献したことが記載されず、忠総は悔しい思いを抱いたのであろう。忠総はその後私的に刊行した『石川忠総留書』に於いて、実父の名や義兄の名を含む同行者の名前と共に「伊賀国を通る家康一行逃走ルート」を明示したのであった。しかしこの時点で実際に事件が起こった本能寺の変の天正10年（1582）から60年以上の年月が過ぎていたことに注意しなければならない。はっきり言って全く根拠に乏しい流言といえる。

　このような流言がまき散らされた原因として、石川氏と多羅尾氏との軋轢の可能性を直感していたが、今回なんとなく石川氏とその前任者戸田氏との微妙な関係もあったかもしれぬと思い始めた。戸田氏が鵜殿退治以来あるいはそれ以前から甲賀武士たちと交流があり、『石川忠総留書』より古い『戸田本三河物語』には明確に「家康たちは甲賀を越えた」と書かれているからである。

ブログ8　六角氏終焉の城石部城跡を訪ねて

2023.4.6

　昨日、近江歴史回廊倶楽部の上嶋氏のご案内を得て、夏見城、針城、平松城、宮島城、丸岡城、石部城など野洲川の南側の丘陵上に並ぶ旧下甲賀郡の城跡を見学して廻りました。何れも保存状態は余り良いとは言えずどちらかというと城跡と認識することさえ困難なものもありました。しかし室町時代、戦国時代そして江戸時代のこの地の情勢を思い浮かべることが出来、とても楽しく充実した一日を過ごすことが出来ました。中でも石部城跡では、若干気付きがありましたのでメモしておきたいと思います。

　先ずひとつめはこの地域での青木氏の出没です。丸岡城は青木藤兵衛の築城であるとされ、鈎の陣の活躍で甲賀53家に名を残す青木氏の城は丸岡城 and/or 東丸岡城とされていますが、

さらに青木氏は三雲氏が築城していた石部城に享禄年間（1528～1532）には進出し、その息子が石部家長を名乗ったと云われています。石部家清が六角氏滅亡時の石部城の城主です。この様に六角氏滅亡直前には青木氏はこの地では有力武士であったわけですが、その外に甲賀市塩野の天台寺院には青木氏の数代にわたる大型位牌が保管されておりその理由がよく分かっておりません。また、家康の母親は甲賀出身の青木氏の出であるという説を解く歴史家も居り、他方信長の配下にも青木氏を名乗る者が居てしかも石部の真明寺を菩提寺にして当地に住み付いたという。誰か青木氏に関するすべてを整理してくれませんか。

石部城跡（現善隆寺）・・・「いにしえの古城」より転載

　もう一つは石部家の墓石に関することです。今回私自身は実物を確認することは出来ませんでしたが、滋賀県立大学の調査によれば、墓石の戒名と石部城あとに建立された善隆寺に残る過去帳の記載を照合することによって、善隆寺に残る最も古い墓石が実はこの寺の開基（スポンサー）でもある石部家清の先代（馬之丞、家長？）の墓石で、恐らく天正10年代の建造であることが確認されたという。いわば中世文書といってもよいくらい古い過去帳が恐らく開山以来存続し、それを今見せてもらうことが出来るというこのすばらしさに感服しました。これによって石部城の城跡そのものは変わり果てて往古を再現することが出来なくても、過去帳の中から多くの過去を引き出すことが出来、現に青木家・石部家のことや三雲家のことそして案内書などに書かれているような戦国から江戸時代にわたる多くの歴史の事実を見出すことが出来たのです。

　現代はプライバシー重視で寺に対して「過去帳を廃棄せよ」などというナンセンスな意見まで恥ずかしくもなく発言する御仁が居る様です。困ったものです。人種差別や奴隷制度や階級

制度は過去の事実を隠すことが大事なのではなく、現代人の我々がこれらを撲滅しこれらに価値を置かない世界を構築する努力をすることがより大事なのだということを指摘したいと思います。3代前の親戚の戸籍謄本をプライバシーを侵害するのでという理由で取得できぬこのバカバカしさをどうしたらよいのでしょうか。

ブログ9 『忍者学大全』を前にして思うこと

2023.4.15

　2023年2月22日付けで東京大学出版会から『忍者学大全』が出版されました。私にも届けてくださる方がおられて、お陰様で早々に拝見する機会を得られました。40人になんなんとする執筆者と500頁を越える内容はそれなりに迫力があり納得させられる項目も少なからずあります。85才にもなるとこれだけ分厚い本を熟読するパワーがなくなり、斜め読み・つまみ読みしか出来ませんが少々感じる所がありましたので所感をメモしておきたいと思います。

　先ず題名にある大全とは、ある分野に関するすべてを漏れなく書き尽くし論じつくすことだそうですが、ザット目次を見ただけでも甲賀忍者やその研究者に関する論及が足りていませんし、スパイと忍者の違いや殺人者と忍者の違いについて明確に論じた個所が見当たりません。逆に、どうやら古文書さえ見つかればそしてそこに隠密行動や他を欺く行為や戦場での特殊作戦への関与が記されていればそれは全て忍者がいたことにするという、それこそ何でもかんでも忍者であるという「大全」の発想が貫かれたのではないかと思ってしまいました。

　そもそも古来忍者らしい忍者は甲賀と伊賀にいたとされ、それを表す言葉としてリアル甲賀忍者やリアル伊賀忍者と呼ばれつつあります。ところが本書ではそのことについての論評も避けて通っていて、云わばろくでもない忍者の集結を後押ししているように見受けられます。こんなことではとても忍者学を論じ尽すことにはなっていません。それどころか大全を標榜するのはまだ百年早いというべきです。

ブログ10　甲賀流リアル忍者館で思ったこと

2023.5.8

　今年のゴールデンウイークも終りになったが、期間中に次男と甲賀流リアル忍者館を訪ね、我が家の文書や屋敷跡がどんな風に展示されているかを案内して廻った。実は今まで何十回と見て回っていたのに、展示の基本方針などにはアンタッチャブルで通して来た。これは行政の担当部署に希望を云って任せた以上横から兎や角と口をはさむべきでないと考えたからではある。リアル忍者の歴史資料館という要素と地域の貴重な観光資源である「楽しい忍者」を売り込むゲートウエーとしての集客要素のバランスが必要だからである。そして我が家の文書の本物やレプリカもバージョン1の展示が行われ、リアル忍者館がコロナウイルス蔓延中にスタートした。

　その後有力な地域起こし協力隊員の活躍で一般展示ゾーンも資料室の部分もブラッシュアッ

プされ、現在はバージョン２の展示となっている。その結果をつぶさに見せてもらった訳であるが、一般受けをする理解しやすい形にはなったが、少しリアル忍者から遠のいたのではないかと感じる所があった。その時は何が違ったのかをよく理解できなかったが、家に帰ってなんとなく思いついたのが次の点である。

　戦国時代以前の古い時代のリアル甲賀忍者を表象する展示としては２階での映像による六角氏（佐々木氏）、織田氏、徳川氏への時代を追った甲賀者の献身と、一階での長享の変、鵜殿退治、神君甲賀伊賀越、伏見城・関ヶ原、島原の乱での甲賀者の活躍咄であるがこちらは古文書をよく読まぬと見学者の印象に残りにくいやや地味な展示止まりとなっている。他方、江戸時代以降の甲賀忍者については２階の調査隊の展示室で古文書による展示が行われていたが、今回ここに忍術書に関する解説が加わり且忍具が展示されることとなった。

　忍具の中には実際には存在しなかったもの、つまり後世捏造されたと考えるべきものも含まれており観光客を喜ばせるためにあえてリアル度を下げてしまったと感じたのではなかろうか。また忍術書は江戸時代になって70年以上経ってからの新しいものがほとんどで内容的にも実働的なものが少なく最も信用できるとされる万川集海でさえ机上の空論とも思えるものも少なくない。甲賀者は忍術書に書かれたような忍術を用いて六角氏や織田氏や徳川氏に貢献したのではなくもっと根源的な部分で信頼にこたえた貢献をしたものと理解すべきであろう。従って忍術書を詳しく解説すればするほど甲賀者は胡散臭い存在となり、甲賀忍者のリアル度が下がることに注意すべきではなかろうか。

　この中で木村奥之助の忍術書を見直し、彼が尾張藩で求めれれた役割と忍術書の中で語る甲賀流忍術がどのように整合されようとしていたのかを研究することが求められる。

ブログ11　甲賀武士について（1）

2023.6.1

　先頃久方ぶりに油日神社の宝物館（実は甲賀市の歴史資料博物館でもある）を訪問して、改めて明応４年（1495）当時の油日神社の再建時の棟札の中に多くの甲賀の武士たちの名前を見た時に、そうだこの欄に甲賀武士のことを書こうと思ったのでした。ところが実際には何をどう書くのか考えがまとまらず遂に３週間以上が経ってしまったのです。実は考えがまとまった訳では全く無いのですが、何回かに分けていくつかの方向から甲賀武士のことを書くことでお許しいただこうかなと思い至った次第です。

　先ず最初に「甲賀武士」という言葉そのものが大正15年発行の『甲賀郡志』で初めて使用された近代の造語であることを指摘しておきたいと思います。『甲賀郡志』自身が指摘しているように「甲賀武士」が意味する者達とは、その者達が実在した時代には、甲賀侍、甲賀衆、甲賀者、時には甲賀之賊徒などと呼ばれていた者達のことなのですが、実は中世から戦国時代にかけて

関東武者でさえそうであったように、基本的に農地に密着して、つまり農村に居住して、領地を守るために武門としても戦うといういわば半農半武の存在であったといえる様です。甲賀では天正 13 年（1585）秀吉による甲賀破却（甲賀ゆれ）によってこのような半農半武の甲賀武士たちのうちの有力者約 20 家が領地没収・追放されるまで、彼らによる自治（甲賀郡中惣）が全郡的に行われたのでした。

　訪問した油日神社では、同行したのが杉谷の望月孝幸さんだったこともあって、1495 年当時の寄進者の中に望月氏が含まれているかどうかが宮司さんとの会話の中で話題になりました。私はウロ覚えであったのですが望月氏も寄進しているのではないかと申し上げたのですが、その場では棟札の中では確認できませんでした。宮司さんからは『油日神社関連文書集』にある棟札の翻刻資料を確認していただき、帰りがけにやはり望月氏は寄進者には含まれていない様ですとご報告いただいたのでした。そこで帰宅後『油日神社関連文書集』をじっくり再調査したのですが遂に「村嶋殿」という記載を見つけました。この人物は当時柑子村に村嶋城を構えた甲賀望月氏の中心人物の一人で、この後新宮城へ帰城するという記録を残しております。つまり望月氏は代表者が油日神社の再建への寄進に他の多くの甲賀武士たちと共に参加していたということです。ところでこの棟札での記載が「村嶋殿」となっていて「望月殿」となっていない点は、全く珍しいことではなく、幾人もの同姓者がいる場合の区別や時には有る種敬意を含めて名前や地区名などに殿を付けて呼んでおり、他方で社家や寺院等は呼び捨てで殿をつけないで書かれています。

　これと同じことが前述よりも約 100 年早い 14 世紀末の飯道寺への「大般若経寄進者名簿」にも認められます。68 名の寄進者名の中に 5 名の「殿つき」の名前があり、その中の 2 名が「望月氏」と「鵜飼氏」であるとされています。つまり望月氏は当時近隣の鵜飼氏と共に 14 世紀末の時点に於いて、すでに「望月殿」と呼ばれるに値する存在、つまり甲賀武士に相当する存在になっていたことを示しています。因みにこの記録は現時点では甲賀望月氏の初出文献であろうと云われています。ここから想像の翼を広げると、室町幕府の御前落居記録（1431）や地元の中世文書（山中文書、佐治家文書）などを読み解くことでこの前の百年である 1300 年代の南北朝時代の間に甲賀望月氏は北朝に繋がる足利氏や佐々木氏に取り入って成り上がっていったのではないかと推定できるのです。シュリーマンのように勝手に思い込んでおります。

　前述の望月村嶋が帰城したという新宮城のある新宮上野村（現甲賀市甲南町新治区）には文明 17 年（1485）に建造された新宮神社（新宮寺）の楼門（国指定重要文化財）が現存し、応仁の乱で都や各地が戦乱で荒れ果てている中、当地を支配していた望月氏は大きな勢力圏（塩野村、山上村、杉谷村、柑子村、野田村、龍法師村、一時は深川村も）を築き、新宮神社（1485）や油日神社（1495）に寄進を繰り返し、経済的にも心の面でも豊かに暮らしていたことが想像できます。

国指定重要文化財「新宮神社楼門」文明 17 年（1485）建造

ブログ 12　甲賀武士について（2）

2023.6.4

　「甲賀武士」という用語そのものは大正時代に発刊された『甲賀郡志』に由来することを前回申上げました。しかし厳密に申し上げると、江戸時代前期に彦根藩に献上されたとされる『淡海温故録』には既に「甲賀武士」なる語が用いられていて、『甲賀郡志』ではその語が現代語として採用されたと云えます。今回はその『甲賀郡志』が甲賀武士をどう紹介しているかについて述べてみたいと思います。

　先ず云えることは、甲賀郡志の著者たち即ち大正時代の甲賀の知識人たちは、甲賀 53 家や甲賀 21 家についてそれなりの実在感を抱いていたということです。ほんの半世紀前の江戸時代には 53 家や 21 家を名乗る家々が周囲に存在し、その人達に囲まれて育った明治時代であって、彼ら甲賀生れ・甲賀育ちの甲賀郡志の著者たちにとっては、甲賀 53 家や甲賀 21 家こそが甲賀武士であったと云えるのではないでしょうか。現在の甲賀では甲賀 53 家や甲賀 21 家に直結する方は極めて少なく、間接的に繋がる方や分家先や支流を含めてもせいぜい 10 家程度に減少しているだけでなく、第二次大戦以後は家筋に関することを話すこと自体がタブー化して人々はその種の話題を避けることとなって地元育ちの人でも甲賀武士に関する知識も意識も持たない人々が育っていて、最早甲賀の地元から 53 家や 21 家に関する歴史情報を得ることさえ困難となっております。でも甲賀郡志の著者たちは、各家に伝わる江戸時代文書や系図を入手でき、まだ地域に伝わっていた伝承と共に戦国時代以前の甲賀武士たちを描くことが出来たのではないでしょうか。

　このような前提で甲賀郡志中の甲賀武士を見た時、甲賀郡志の著者たちは甲賀 53 家の家々こそが甲賀武士の本流であり、このことが認識されるきっかけとなった鈎の陣（長享の変）こそが甲賀武士にとって最も重要な戦いであり、甲賀の平穏と繁栄とはこの時の甲賀武士たちの団結によってもたらされたものであるとして、甲賀 53 家を取り囲む中間層有力者をも包含する

甲賀郡域全体を覆い包む強力な一揆思想（その後「甲賀郡中惣」に結実していく）「甲賀は一つ」が機能したのが戦国時代の甲賀であったとしているように思われます。

　甲賀郡志の中の具体的な記述をたどると第六編「町村」においては当時の各町村の一つ下の単位である大字（江戸時代の村、現代の区）ごとにそれぞれの地域の歴史的変遷を地元の文書や六角氏の記録を用いて論じ、村の由緒とそこに果たした各甲賀武士の位置付けを示しています。また第十九編「甲賀武士」においては甲賀武士の概略史をレビューしその根拠になる甲賀武士にまつわる文書類を紹介し、その上で甲賀53家のそれぞれにつき由緒書と各家の歴史を記述しています。各家の系図や江戸時代の御目見え記録等から甲賀武士各家がどの程度の勢力を有していたかを想像させる記録を残しています。

　この時甲賀武士の概略史と甲賀53家各家の個別史を多くの由緒書を基に著述していますが、現代の歴史学者の多くはプロパガンダばかりだと云い信用できないと云いますが、私に言わせれば中央の権力者が書かせた文書を後生大事に信用し、そんな形でしか残すことが許されなかった地方の弱者や敗者の残した史料としての由緒書や系図資料を基に著述した地方の歴史、敗者の歴史を信用しない歴史学者こそ信用すべからざる存在であるということになります。

　閑話休題。甲賀53家の話題に戻ります。今回はこの第四章「五十三家」に言及されている甲賀武士は何軒になるか数えてみたいと思います。

（1）冒頭の年代不詳の旧記（実は寛永11年家光御目見え記録）によると

　山中　19家、　大原　15家、　望月　24家、　和田　5家、　池田　15家、　美濃部　4家、鵜飼　28家、　服部　3家、　佐治　11家、　神保　2家、　上野　14家、　隠岐　16家、　多喜11家、　岩室　3家、　大野　4家、　伴　10家、　芥川　8家、　合計　192家　　これらは主として甲賀21家に近い者達で、かつ甲賀ゆれ、江戸その他への転出後の数字であるので、全甲賀武士の数は上記の2倍程度とすると、甲賀武士は約400人いたことになります。

（2）この章での各論集計

　内貴　1家、　服部　3家、　宮島　2家、　針　1家、　夏見　5家、　三雲　1家、　鵜飼25家、　青木　4家、　岩根　5家、　伴　10家、　上山　1家、　中山　1家、　八田　1家、山中　?、　宇田　1家、　美濃部　?（富川・神松・武島・大谷・米田も）　新庄　1家、　大野4家、　芥川　8家、　頓宮　1家、　土山　1家、　平子　1家、　大河原　1家、　黒川　?、高野　1家、　上田　1家、　鳥居　1家、　大久保　1家、　大原　15家、　和田　5家、　高峰1家、　上野　13家、　多喜　11家、　望月　24家、　池田　?、　野田　1家、　葛木　1家、嶬峨　?、隠岐　16家、　神保　1家、　佐治　11家、　岩室　3家、　倉治　1家、　高山　1家、　山上　1家、　杉谷　1家、　牧村　1家、　長野　1家、　小川　1家、　杉山　1家、　多羅尾?、　小泉　1家、　饗庭　1家

以上家名 54、家数 196 ＋？×6（推定計約 50 家）＝約 250 家（これに美濃部家の場合に偶々示されているような被官家や上記に含まれない独立の村例えば馬杉村の武士家（馬杉家、開田家、飯田家、多喜家など）推定トータル約 100 家を加えると）⇒約 350 家

以上をまとめると、甲賀郡志の著者たちが抱いていた甲賀武士の数は 350 ～ 400 家でこれを人数で表すとなると、分家前の息子を有する親がまだ現役ですと両方がカウントされるので、500 ～ 600 人程度になるのではないでしょうか。この数字はいくつかの戦いに動員された甲賀衆の数が 200 ～ 300 人程度のケースが多く動員可能対象者の半数程度が動員されたと考えると理解しやすい数字と云えます。また関ヶ原の戦の折、伏見城に籠城した甲賀武士が百人強で同時期に長束正家によって水口岡山城に幽閉された甲賀衆が 300 人いたとされ更に正家の配下についていた甲賀衆も数十人は居たはずで、これらを合わせると 550 人以上となる事ともほぼ符合しています。

以上は暇な老人の数字遊びでした。

ブログ 13　甲賀武士について（3）

2023.6.10

今回は、甲賀武士について現代の郷土史誌である『甲賀市史』はどう取り扱っているのかを見てみたいと思います。主として『甲賀市史』第 2 巻（中世）と第 7 巻（甲賀の城）そして第 8 巻（甲賀市事典）に甲賀武士についての言及が見られますが、第 2 巻の「はじめに」にうまく要約されている個所がありますので、その部分を以下に引用させていただきます。

「甲賀は、宗教的には延暦寺の影響が強いが、その一方では早くから武士が力を持った所でもある。加えて彼ら武士は、のちに述べるように、ごく少数がその力を競ったのではなく、拮抗する力を持った数多くの武士が、早い段階から歴史上にその姿を現していた。政治の中央で活躍する武士と関係する在地の武士も現れる。当然、支配を受ける人々の動向も複雑である。しかしそれは、一方では歴史のダイナミズムでもあり、中世甲賀の最大の特徴でもあろう。

甲賀の中世は、在地の村落に根を張り、村の活動を指導する土豪と呼ばれる人びとの存在によって特徴づけられる。彼らの活動は、取分け十五世紀後半の応仁・文明の乱以降から、戦国時代にかけて顕著であった。しかし、数十家にも及ぶと推定されるそれら土豪のなかからは、核となる家はあったにせよ、他を圧するような飛び抜けて突出した力を持つ者は現れず、むしろ拮抗した力を持つ数多くの土豪が、村落で活躍したところに、大きな特徴がある。彼ら土豪は、戦国時代には「甲賀衆」と呼ばれ、一族が「同名中」として結束するだけでなく、複数の同名中が連合して「郡中惣」と呼ばれる一種の自治的な組織を作り上げていた。そして彼らが持つ高い戦闘能力は、近江守護六角氏に頼られたり、また時には足利将軍によって頼られるほどの強力なものだったのである。」

ここでは、53 家や 21 家といった伝承の世界はかき消され、どんぐりの背比べ状態の多数の

小規模な「土豪」という地元では使用されない歴史用語が用いられ、しかしそのどんぐり達が村や郡レベルで予想外に高度な自治を行い、同時に他方では大名や室町将軍にさえ重要視されるほど強力な武力の持ち主であったと言っているのです。これは地元の出身者ではない大学の先生や歴史の専門家たちが書いた歴史書だからできた客観的な評価ではあるのですが、あくまで教科書的・中央的・権力者的歴史感であって、地域に根付いた歴史にはなっておりません。端的に云って甲賀の中に根付いた53家や21家を尊重した地元の観察がなく、また甲賀忍者に結び付く展開も用意されていないのです。

　第7巻をもって完結となるはずの甲賀市史が、第8巻（甲賀市事典）の延長戦が行われたのは上記のような問題点が露呈してきたことに対する対策にほかなりません。例えば東京の人が甲賀市史を手にしたとき、甲賀と云えば「甲賀忍者」が気になるとして第1巻から第7巻までの目次を探しても、どこにも「甲賀忍者」という章も節も項もないのです。やっと第8巻で「甲賀武士の諸相」という節の中の一項目として「甲賀の忍び」が取り上げられたのです。その後甲賀市に「甲賀忍者ファインダース」が設置され、磯田道史先生が団長に就任して種々の調査活動が活発に行われるようになり、今は甲賀市内での忍術古文書『間林清陽』巻中の発見に結びつくなど雰囲気が大きく変わりました。

　以上どちらかというと問題点の指摘に重点を置いた形になりましたが、実は甲賀市史の重要性は、歴史の専門家たちが、甲賀武士たちが地元の村々で自主的・自律的に自治を行っていた一方大名や将軍に認められるほどに軍事的に強かった、と認めている点なのです。鉄炮が圧倒的な武力として戦場を席巻する以前の段階では、甲賀武士たちの自主的・自律的な戦闘の強さは目を見張るものがあったのではないでしょうか。このことが、甲賀武士が自分達仲間で集まった時、或は他の大名の下に集団で戦闘に加わった時、必ずしもその大名の命令一下による指揮下ではないのに目覚ましい戦果を挙げることが出来た時、「甲賀忍者の活躍」「甲賀忍びの仕業」と認識されたということです。

　甲賀忍者とは忍術書をよく学んだ者でも忍術と云う術を武術としてよくよく体得した者でもありません。まして古い忍術書が発見されたからそこには忍者がいたなどということには決してなりません。中世から戦国時代、子供たちの成長過程で高度なリテラシーが涵養され、仲間を信じる教育が施された甲賀の村々にあっては、半農半武の甲賀衆たちが同名中惣を運営することで自治的な村の経営に仲間と協力し、その成果がいざという時の戦闘力に反映されるそんな世界が存在したということです。これこそがリアル甲賀忍者の源泉であったと云えます。

ブログ14　甲賀武士について（4）

2023.6.22

　従来甲賀武士という時は、上甲賀郡と呼ばれることもあった野洲川と支流杣川の上流部分に居住する半農半武の武士たちを無意識に想像しながら話していた気がします。なぜそうなったのかは正直よく分かりませんが、ひょっとして江戸時代になって武士になった甲賀者の多くが

この東部地区の出身者であったからかもしれません。逆に野洲川下流域（下甲賀郡）や信楽地域からは江戸幕府に採用された人物が少なくせいぜい青木氏と多羅尾氏くらいしか知られていなかったということです。そんな訳で甲賀忍者という時は上甲賀郡取分け杣川筋の甲賀者を想定することが習いのようになっておりました。

　ところが6月18日（日）の第15回甲賀流忍者検定の併催行事「特別対談会」で磯田道史先生が話された中に下甲賀郡と信楽の甲賀者の話が出て来ました。その前夜に磯田先生から個人的に伺ったお話と更に本日（6月21日）のNHK[英雄たちの選択」を合わせると、どうやら江戸時代前夜下甲賀郡の甲賀者（の血筋）がとんでもない活躍をしているようなな気がします。天正13年（1585）の甲賀ゆれで多くの甲賀者が秀吉により改易され甲賀から追放されてゆく中で、正福寺村の青木氏一族と石部氏（又は元三雲氏系の石部一揆衆）がその西側に逼塞した山岡一族と共に強力な反秀吉連合を形成していた様で、これに信楽の多羅尾一族が加勢していた模様なのです。上杉征伐で東へ向かう家康一行が石部に逗留して水口岡山城での長束正家による陰謀に引っかからなかったのは、篠山理兵衛の機転ではあるのですが、元をただせば家康と石部氏らとの強い絆によるところが多かったのです。

　この下甲賀の動向は三雲氏を中核とする六角氏への強い臣従の傾向があり、実は信長軍に攻められた六角氏が滅亡の際最後に頼ったのが石部城であったことが示すように、上甲賀の限られた甲賀衆と下甲賀の多くの甲賀衆が六角氏を守る構図がありました。しかし同時に下甲賀の甲賀衆の多くが室町幕府にも奉公衆として帰属していた模様で、彼らが織田政権の近江南部展開と共に信長に臣従して行き、信長没後にはアンチ秀吉を伏線に家康の協力者として取り込まれていったようです。

　特に家康については、父親廣忠は祖父清康が正福寺村出身の青木氏の娘に産ませたものであるとの説はかなり根拠がありそうで、これが下甲賀に家康が多くの支援者を確保できたもう一つの理由ではないかと考えられております。ここに秀吉政権下では三井寺に戻って静かにしていた山岡道阿弥が秀吉の死去と共に親家康路線で動きだし、甲賀衆に働きかけると共に自身は小早川の抱き込みに貢献し、戦時には東海方面に転戦して関ヶ原戦線を支援したのでした。9月の関ヶ原の戦いの局面では既にその2か月前の7月には多羅尾氏は家康支援を約束しており、近江国に於ける家康連合の一環を形成していて、上甲賀の甲賀衆が道阿弥に誘われてやっと伏見城に籠城するのに比べると、下甲賀の甲賀衆の動きの早さや潔さが目立ちます。関ヶ原前後に於ける青木―石部―山岡の親家康湖南トライアングル＋多羅尾氏と云うのが磯田先生の想定で、これが時の戦局に大きな影響を与えたのではないかというご意見です。

　山岡氏は元々上甲賀郡の毛枚村の出自で当時の当主景隆は甲賀ゆれで毛枚村に引きこもっていて活動の芽を摘まれており、かつ多羅尾氏も元々秀次に仕えて9万石を得ていたものが秀次に連座して没落しており、共に大きな力にはなりにくいものと思い込んでしまっていた傾向があります。しかし実態はこれ等の潜在的な反発力が隠れた連携力によって掻き起こされ、一つ

のうねりのような力になったものと思われます。彼らの甲賀武士というよりは甲賀忍者といった方がしっくりくるような動きが、実は下甲賀から湖南地方にあったことを再認識させられました。

ブログ15　NHK 大河ドラマが流す害毒

2023.7.24

　昨日 NHK 大河ドラマ「どうする家康」を見ていて、作家のあまりにひどい歴史曲解ぶりに唖然として、暫く休んでいたこのブログを再開しようと思うに至った次第。いくら創作ですと云われても、多くの国民が視聴している公共電波それも国民の税金に近い視聴料で賄われている電波のゴールデンタイムの番組では、作家は余りにも史実に反する勝手な思い込みを前面に出すべきでないと心底思いました。私自身は作家の狙いとは全く逆の状況を想定しながら番組を視聴出来ましたので私に実害があった訳ではありませんし、また幸か不幸か若い人達のこの番組の視聴率は必ずしも高いとは言えないようですが、それでも彼らの歴史感にどんよりとしたダメージを残すのでは無いかと憂います。いくつかの問題点を指摘しておきます。

　第一点は、奥方「築山殿」に家康が完全に支配されていることです。これはドラマの視点としてはあり得る設定ではありますが、歴史の現実からは無理筋と云えます。岡崎城に於ける不都合な真実が発覚した時、家康は苦悩しながらも毅然と信輝と築山殿と岡崎家臣団を処分したのであって、本能寺の変家康黒幕説が存在することは百も承知ですが、まして信長を自ら殺害しようと家臣と相談するなどあり得ない状況です。

　第二には、信長が心の弱い変質者のように描かれていますが、それは作者の偏見で信長は普通に心の強い人であったと考えるべきでしょう。むしろ元亀の頃家康が信長の勢いに押されて次々と出兵に応じており、家臣の不満を抑えてでも出兵せざるを得ないと判断し続ける家康は信長に較べてはるかに心の弱い人であったと云えます。

　第三には、服部半蔵正成がやたら便利で強い忍者兼武将に描かれていることです。服部半蔵のような人物は小説や演劇の世界では話の本筋には影響を与えないでしかも紙数や時間を稼げる恰好の道化や舞台回しとして一般的に用いられています。ですから岡崎生まれで忍者の訓練も受けていない服部半蔵正成が家康の若い時代から多くの伊賀者を抱えて忍者集団を動かしていたなどと設定されても驚きはしませんが、ただ彼は実在の人物であり、架空の道化者を起用するのとは違った配慮が要ります。即ち服部半蔵正成は忍者ではなく武将として育てられていた記録も残り、渡辺半蔵と共に「槍の半蔵」と呼びならわされていた史実があり、伊賀には訪れたこともなく、伊賀には知人も誰一人いなかったはずです。その彼が本能寺の変の直後の家康逃走劇に於いて伊賀者を呼び集め大活躍をして家康の窮地を救うという構図が見え見えになってきました。

　史実は家康一行 30 数名は 6 月 3 日に宇治田原の山口城に立ち寄り、同日の夕刻には信楽の

小川城に宿泊しております。かつこれらは全て生前の信長からあてがわれた信長家臣長谷川秀一の案内で到着しており、その後の支援も含めてほとんど全てが「信長政権に近い甲賀武士」達によって実施されたことは徳川幕府成立後の甲賀から任官した「500 ～ 3000 石級の江戸幕府旗本」約 20 人の顔ぶれを見ても明らかであり、それに比べて伊賀からこの時の功績で採用されたと称する 3 人の旗本と 200 人の同心クラスのみすぼらしいことからも歴然としています。

　以前であれば、仮にこのような史実が存在したとしても、たかが怪しげな忍者話であるとして人気のある面白おかしい虚構を押し通すことも許されたかもしれません。しかし今日ではいやしくも歴史の史実として忍者が取り上げられ「忍者学博士」や「忍者学修士」が毎年卒業して来る時代となった上は、それなりに史実を踏まえた設定や筋書の中で服部半蔵正成を舞台回しとして起用すべきではなかったかと思います。

　因みに家康に小川城で一夜を提供した多羅尾家は、家康から代官職を任官し、最初は 2 万石程度から江戸時代末には 11 万石になるまで 11 代にわたる「永世代官職」を勤めている。

ブログ 16　「神君伊賀越え」説の不合理点の論点整理

2023.9.8

　－ひとつでも確証を以って反論できますか、このほかに甲賀を推す論拠もあります－

はじめに

　天正 10 年（1582）6 月 2 日未明、明智光秀の謀反により京都本能寺に於いて織田信長が自害したいわゆる本能寺の変が勃発した時、徳川家康は信長の招待で堺見物をしていたが、その帰途、信長に再会するため当日早朝から京都へ戻る道中で、茶屋四郎次郎の急報を受け信長の急死を知ったと云われている。家康一行 30 数名は明智軍と戦うことを避け、地質学用語としての「伊賀峡谷」を通過して岡崎まで逃げ帰ったが、このことを一般的に「神君伊賀越え」と呼び、一行は伊賀国を通過したと理解されるのが通説となって来た。

　すなわち、「家康一行 30 数名は明智軍や落ち武者狩りを避けつつ、茶屋四郎次郎の金銭的支援と、服部半蔵正成によるルート案内と彼が伊賀衆を呼び集めて警護してくれたお陰で、当時の伊賀国の地を通って無事岡崎まで帰還できた」とする説である。

　しかし近年、一行は伊賀国をほとんど通っていないのではないかとする学説が多く見られるようになって来たが、それでも頑迷に旧説にしがみつく人も少なくないので、ここでは「伊賀越え」説のどこが問題点なのか改めて論点整理しておきたい。

0）服部半蔵正成について

　通説の主役は服部半蔵正成である。「伊賀出身で忍術の大家である」と暗黙に理解されている正成が大活躍をして家康を救った。正成は英雄である。というのが通説の骨格である。しかし

冷静に現実を見たとき、この通説が見事に瓦解する。

　まず服部半蔵正成は岡崎生まれの岡崎育ちで、父親が伊賀から岡崎に出て来て家康の祖父松平清康に仕えて以来伊賀には居住したことがなく、したがって伊賀の地理は全く不案内であって急場で他人を案内できるだけの伊賀での土地勘は全く持ち合わせていなかった。また正成は岡崎で忍術の修業を受けておらず、むしろ武将として育てられ、後に渡辺半蔵とともに「槍の半蔵」として有名で、江戸には彼が使っていたという大槍が残っている。したがって父親は伊賀出国前の縁で伊賀に知り合いが多くいたかもしれないが、正成自身は伊賀には全く知人がいなかったと考えられる。仮に親戚の者が幾人か伊賀に居たとしても、9ケ月前にあった天正伊賀乱で戦死または没落（逃亡）しており、急場に呼び出すことなど不可能である。

　以上の通り正成は自身で近畿一帯や伊賀を案内する能力がなく、その上伊賀の有力者を呼び集めることもできず、さらに正成は織田政権との縁が全くなく信長家臣筋の宇治田原山田城や信楽小川城へ繋ぐことなど不可能であった。よって服部半蔵正成が活躍して家康一行が無事伊賀を通過できたなどという話は茶番劇でしかないのである。それでも伊賀を通ったと未だ「伊賀」説に固執する人がいるので以下に更に論点整理する。

1）天正 10 年の伊賀は危険地帯

　天正 9 年 9 月から 10 月にかけて起こった第 2 次天正伊賀乱に於いて信長が、長男信雄への伊賀者たちの攻撃（第 1 次天正伊賀乱）に対する報復として、徹底殲滅の方針で臨んだことはよく知られており、伊賀では今日でも「一説には伊賀人 5 万人が殺害されたと云われている」と息巻く人が多い。その結果多くの伊賀の有力者（指導層の伊賀者）が戦死ないしは没落（逃亡）し、もし仮にこの乱の前に 1000 人の有力者がいたとしたら乱の後にはおそらく 800 ～ 900 人の有力者は伊賀からいなくなっていたはずである。伊賀越え説の信奉者が言うように 200 ～ 300 人の有力者が半蔵正成の呼びかけに応じて集まったというのならその「有力者」とは 5 万人の死者を横目に、戦わずにのうのうと生き延びた不名誉な者たちとなり、乱の折に先頭に立って戦ったという勇者の話とは矛盾することになる。いずれにせよ福地氏のように積極的に織田勢に組みした少数の有力者を除いてはごく少数の有力者とおそらく半数程度の農民しか伊賀には残っていなかったというのが実情ではなかったか。数少ない生存者も戦後織田領となったのちは息を潜めて隠れ住む状態で、それから半年少々しか経っていない天正 10 年 6 月初旬の伊賀はアンチ織田感情が渦巻き、一旦信長横死の情報が伝われば浪人となった少数の生存者と農民が落武者狩に狂奔するという、家康のように織田シンパとみなされる者たちにとっては極め付きの危険地帯であった。このことはこの直後に第 3 次天正伊賀乱として現実に起こり、第 2 次天正伊賀乱で信長に協力した福地氏が柘植の福地城を襲撃され駿府へ脱出せざるを得なかったのであった。

　このように当時の家康一行にとっては、伊賀は危険すぎて足を踏み入れることのできない危険地帯であり、かつこのように危険な伊賀から家康に協力的な有力者を集めることも全く不可能な

ことであった。この時の唯一の例外が上記の福地氏でありその周辺の柘植氏の一部であった。

2）天正10年の伊賀には馬はほとんど居なかった

　一日を数十km進む長距離の高速移動には馬は必須であった。望ましくは一行30数名の全員に行き渡るだけの馬を揃えることが必要であった。しかし前年の伊賀乱で壊滅的敗戦を喫した伊賀に馬はいなかった。有力者も居なくなったが、馬はもっと居なくなった。仮に少数の馬が残っていたとしてもそれらは新占領者織田家に押さえられていたと考えられる。

　他方前年の伊賀乱で多羅尾氏、山岡氏、和田氏、美濃部氏、竹島氏、山中氏などが織田軍の一翼として出陣し、戦勝者として伊賀から凱旋し信長とともに飯道山に登って国見をした甲賀の武将たちの手元には相当数の馬が維持されていたと考えられる。場合によっては前年の戦利品として伊賀から持ち帰った馬さえ存在したかもしれないのである。

　結論として天正10年6月の時点で甲賀は家康一行に十分な馬を提供できたのに対して、伊賀は馬を提供することができなかったと考えるべきである。

3）長谷川竹秀一の貢献

　家康一行には信長の指示で織田家家臣長谷川竹秀一が同行していた。秀一は元々信長の小姓でいわば側近として織田政権の細かい動向に通じていたので、山口城の山口甚助とも顔見知りで、かつ多羅尾光俊の六男多羅尾籐左衛門光廣が三井寺勧学院で修行中に、上京の途次三井寺に投宿した信長が光廣を見付け、信長の指示で光廣が山口甚助の養子に入ることになった事情も承知していた。また多羅尾光俊が当時織田政権の中で3万石相当の格式で扱われていたことを知っており、多羅尾氏が1万石あたり幾人の兵を出すという基準で3万石相当の兵を伊賀乱の折に出陣させていたことを知っていたのである。

　つまり長谷川秀一は何の算段もなく山口・多羅尾のルートを頼ったのではなく、前年の伊賀乱での実績から見て確実に3万石相当の兵力を期待できる滞在先として宇治田原山口城（山口氏）・信楽小川城（多羅尾氏）を頼ったのである。

　他方家康自身や側近たちは永禄5年（1562）鵜殿退治で世話になった伴氏や鵜飼氏には20年一世代経っていて連絡がつかず、まして時の伴氏の当主は信長と共に本能寺に於いて討死していて、ほかには多羅尾氏や山口氏に通じる情報ルートを持ち合わせていなかった。まして服部半蔵正成は織田政権とは全く縁がなく、正成が山口氏や多羅尾氏を選ぶことはあり得なかった。

4）信楽小川城は甲賀であって伊賀ではない

　6月2日山岡景隆に瀬田唐橋を焼き落されたために明智光秀は瀬田橋の攻防で手間取り、近江支配に後れを生じていた。それでも6月3日には日野と甲賀を除く近江のほぼ全域を支配下に置いていた。

 6月4日付けの蒲生氏宛家康書状が山中氏に託けられている点で、前夜の甲賀武士たちの会合で、明智軍と伊賀落武者狩勢の安全分析がされたはずで6月4日早暁の時点では日野と甲賀の南半分が家康の安全地帯として残っていたのではなかろうか。この会合に伊賀武士が出席していたとの証拠は一切なく、山口・多羅尾・山岡の各氏の外、和田氏、美濃部氏、竹島氏、山中氏等の甲賀武士たちが出席したはずで、これらのメンバーからは、大部隊を組んで伊賀の真ん中を馬で押し渡るというのでない限り、比較的少人数で甲賀の安全地帯を機動性高く通り和田城を目指すという方向性が打ち出されたのではないか。小川城そのものが甲賀にあり、そこに集まった者が甲賀武士ばかりであり、案内し警護するものが甲賀武士のみであるとしたとき、彼らの出した結論は上記の通りとなったはずである。

5）伊賀には同時代史料が存在しない

 甲賀には家康発信の同時代史料が2件存在する。天正10年6月4日付け蒲生氏宛家康書状(山中文書／神宮文庫)と天正10年6月12日付け和田定教宛家康書状（和田家文書）である。もっと言えば現在行方不明で残念であるが多羅尾家には3件目にあたる家康感状が存在した間接証拠がある。多羅尾家の3度にわたる代官罷免と2度の破門がその都度幕府で覆されて代官復帰しているからである。

 一方伊賀では同時代史料が一切発見されていない。また事件から江戸時代初期の間には江戸やその他の地域例えば奈良や京都やポルトガルなどに同時代に近い伝聞書留型の史料が存在し、確かにその半数程度が伊賀路や伊賀越を記述しているが、そのいずれもが伝聞型で地名などの具体性や行動内容の現実性に乏しく伊賀越えの確証とはなりえていない。その後18世紀には伊賀越えを主張する伊賀系の文書・典籍が多数出てくるが、どれもが願望を記すだけで、どれ一つとして具体的確証を示していない。

6）『石川忠房留書』への妄信

 『石川忠房留書』坤（後編）には家康逃亡ルートが伊賀であったとして伊賀内のルートが詳しく書かれることになった。寛永18年（1641）に幕府の命で始まった『寛永諸家系図伝』編纂のための各旗本家への資料提出（寛永書上）要請には忠房の実家の大久保家も養子先の石川家も応じていて、それぞれ家系図が提示されたのであるが、そのいずれにも両家の家康一行の逃亡劇への参加が記載されていない。もともと各家の原稿に書かれていなかったのか、あるいは

原稿では書かれていたものが幕府の編集方針に従って途中削除されたものなのかは不明である。そしてこの後で発刊された、つまり事件からほぼ60年経った約3世代後に出された、事件の年に生まれた忠房による私的報告書『石川忠房留書』に異常に詳しい地名付き伊賀越えルートと大久保、石川両家の逃亡劇参加が発表されたのである。

　客観的に見て異常な報告書であるが、「実父の大久保忠隣と義兄の石川康通が参加しているならその二人から聞いて書いた『石川忠房留書』の記載内容は信用できる」という理由でその参加者名と伊賀ルートが定説化してしまったのである。「親族から聞いた話だから史実として信用できる」と云うとんでもない暴論であって歴史に対する冒とくである。また60年間世間の誰もが知り得なかった事実を60年前に生まれた人間が詳細にわたって世に初めて公開するなどと云うことは事実に当たるものを捏造しない限りあり得ないことである。

　仮に大久保忠隣と石川泰通が参加していたとしても緊急事態の中では所詮受け身の第二者であって、自動車の助手席に乗せられた者が走行ルートを記憶できない状態になることはよく経験することで、まして彼らは家康と数人の責任者でなければ世話になった相手が山口氏や多羅尾氏であったことさえも知り得ないその他大勢状態と想像する。途中で出会った人物や細かい地名を覚えているはずがないのである。したがって、当日案内をした当事者である多羅尾光太などの第一者しか具体的な地名やルートを覚えていて述べることができないのである。このことは江戸にいる人間にいくら聞いても無駄であることを意味していて、近親者であるからその内容は信用できるとはなり得ないのである。つまり捏造である。

　また忠房がこの書物を刊行したのは膳所藩主になって10年余りたったころである。この間房総や九州では伊賀の情報を集められないので、伊賀の情報は膳所藩主になってから集めたものであろう。ところが伊賀より手前の隣村であり、膳所から馬で2時間の距離にある多羅尾村に、当時80歳代後半の高齢ながら生存していた多羅尾光太に取材していないのである。第一者に取材しないのでは捏造といわれても仕方がないのではないか。

　また、忠房は『石川忠房留書』坤の中で丸柱村の宮田なる人物が家康一行を歓待したと記述するのであるが、この宮田氏は前年の伊賀乱の際、多羅尾氏ら甲賀武士によって丸柱村の宮田氏城を焼かれ、翌日逃亡先の比治山城で織田軍に敗戦していてここで戦死か没落（逃亡）しているのである。その宮田氏が9ケ月後に勝利軍の多羅尾・山岡・和田ら甲賀武士の前に現れることはあり得ないことであって、明治になってからの同村の調査報告書では宮田氏は藤堂藩に至る時代有力者としては村に存在しなかったと述べているのである。つまり宮田氏の歓待話は捏造であるということになる。

　このように『石川忠房留書』は従来の評価とは異なり、極めて疑わしい書籍であるとして排除すべきものであると考える。

7）伊賀系文書・典籍では伊賀越えオンパレード

　18世紀にかかる元禄末期のころからなぜか「伊賀越え」を主張する伊賀系の文書や典籍が増加する。『伊賀国誌　中』(1699)、『伊賀者由緒幷御陣御供書付』(1726)、『伊賀者由緒書』(1761)等々多数あるがいずれもが「神君伊賀越え」による伊賀者の家康への貢献を主張している。どうやら『石川忠房留書』で自信を得た伊賀系の人々が「伊賀越え」を前提にした由緒や歴史を語る傾向が顕著になったらしい。

　このことと似た現象はほぼ同時期の甲賀にもあり、多くの「甲賀者の由緒書」が甲賀にも残されている。甲賀の場合は「甲賀越え」ではなく「鵜殿退治」や「伏見城籠城戦」での家康への貢献を主張するものであったのに対し、伊賀においては「神君伊賀越え」における家康への貢献を主張のメインに据えている。しかし、注目すべきはこれらの文書・典籍には「伊賀越え」である具体的証拠が何一つ提示されておらず、伊賀者たちの活躍や貢献のみが主張されているという事実である。根拠のない自信とでもいうべき雰囲気が伊賀中を覆いつくしていたと云えるのではなかろうか。

8）傍証：伊賀からの有力御家人の少なさ

　伊賀及び甲賀出身の江戸幕府御家人の数を比較すると下の表のようになる。500石以上の旗本の人数だけが200年ほど新しい時代のものだが全体的な傾向は確実に捉えている。伊賀は国であり、甲賀は近江国の12分の1の郡に過ぎないが、江戸幕府に登用になった御家人では甲賀は伊賀に負けておらず、特に高級な御家人ほど甲賀出身者が多い傾向がある。この中には多羅尾、山岡、山口、和田、美濃部、武嶋といった本件逃走劇に支援して活躍した甲賀武士が江戸時代に入って登用されたと明らかな者たちが多く含まれている。この点でも伊賀越えではなく実質甲賀越えであったと理解するのが正しいのではなかろうか。

伊賀及び甲賀出身の江戸幕府御家人比較

時代	役職	伊賀		甲賀	
江戸初期	大名	0		4	池田輝政、池田三吉、中村一氏、山岡道阿弥
江戸初期	永世代官	0		1	多羅尾光太
1800年頃	500石以上の旗本	14	高井、柘植、柘植、柘植、中條、服部、服部、服部、服部、服部、服部、服部、藤本、山田	29	青木、青木、上野、黒川、篠山、武嶋、武嶋、滝川、谷、谷、多羅尾、伴、三雲、三雲、美濃部、美濃部、美濃部、美濃部、美濃部、山口、山口、山口、山林、山村、山岡、山岡、山岡、山中、和田
江戸初期	200石以上の与力	20	(伊賀弐百人組組頭)	10	(江戸甲賀百人組組頭)
江戸初期	100石以下の同心	＞20 0	(伊賀弐百人組) ほか	100	(江戸甲賀百人組) 10人×10組

88

他方、下級武士となった者の数では伊賀の方が多く、かつ伊賀者の採用は甲賀よりも早く江戸幕府発足以前から江戸で始まっていた点も考慮すると、伊賀者の多くは福地氏によって集められて、柘植以降の「加太越え」で支援した者たち、がいつの間にか「伊賀越え」で貢献したことにすり替えられてきたものと理解してはいかがであろう。

おわりに

　そもそも伊賀越えを考える前提条件として、端なっから無理なものとして、服部半蔵正成、乱後の危険地帯としての伊賀、馬のいない伊賀を挙げることができる。

　次いで史実として、長谷川竹秀一の存在、小川城に伊賀者が集合した事実がない、伊賀には同時代史料が存在しない（甲賀には存在する）ことを挙げることができる。

　第三には文書典籍等について『石川忠房留書』の欺瞞性、18世紀に入って急に増える伊賀系文書典籍の実証性の無さ、伊賀出身江戸幕府高級御家人の少なさを挙げることができる。

　以上のどこをとっても「神君伊賀越え」を否定するものばかりである。

　なお、豊臣秀吉政権下の10数年間特に秀次に臣従して6万石相当に出世していた多羅尾家にとっては、家康に貢献していた事実はひたすら隠す必要のあることであり、事実を曲げてでも「当家は関係ない」姿勢をとった可能性がある。この辺りも甲賀全般につきもっと詳細に検討すべきであるが、今回は省略した。今後の研究の成果に期待する。

ブログ17　史料批判『寛永諸家系図伝和田定教家系図』と『石川忠総留書』

2025.1.18

　寛永諸家系図伝　和田定教の条

　和田定教

信長につかへ、父の遺跡をつゐで黒田の城を領す。そのゝち流落して江州甲賀に居す。

天正十年、信長害にあふとき、大権現和泉の境より甲賀の山路をへて御下向の刻、忠節をつくす。大権現これを感美したまひて誓状をたまはる。今にあり。

そのゝち又参州吉田におゐて大権現に謁見したてまつる。のち程をへて京都にて病死。歳五十八。法名浄雲。

天正10年本能寺の変での信長の横死を受け、徳川家康が少人数で訪問中の堺から岡崎へ駆け抜けた際、従来は「伊賀を通った」とする説が幅を利かせていたが、近年は「伊賀ではなく甲賀ではないか」又は「伊賀を通ったとしてもほんの少しで大半は甲賀を通った」とする説が有力となりつつある。中には大和を通ったなどと云う的外れを主張するご仁も現れ、いささかてんやわんやとなっている。今回は近年の伊賀説のよりどころとされてきた『石川忠総留書』が史料としていかに批判に耐えられないかを示すだけでなく、新しく『寛永諸家系図伝　和田定教家系図』を甲賀越を支持する有力史料として提示する。

　実はこの両史料は寛永20年 (1643) ころに相前後して世に出ているが、そのデビューの仕方は大きく異なっている。平野仁也著『江戸幕府の歴史編纂事業と創業史』によれば、先ず家光の治世である寛永18年に江戸幕府から大名家とお目見え以上の御家人に対してそれぞれの由緒を示す系図（呈譜、または寛永書上）特に家康、秀忠、家光との関係性を明らかにする事象や証拠の証文を含む系図を提出するよう指示があった。各家からはそれぞれ原稿が幕府窓口へ提出され、幕府側の担当者からは原則として原稿の内容を重んじつつも、幕府側の意向や表現の仕方を加味した第二原稿、第三原稿が提示され、最終原稿に仕上げられ、その上でさらに漢文調の表現や体裁を全体である程度平準化して完成本に仕立てられた。この間わずか2年7か月であった。

　忠総が大久保家から養子に入って石川忠総となった石川家や、その実家の大久保家は譜代の家臣であるので、それまでの家康、秀忠、家光の時代々々にしかるべく勤務評価を受けてきて今日の地位がある訳で、今更大権現などを持出して美辞麗句を並べ立てて徳川家への貢献を訴えることを禁止されたのではないか。あるいは天正10年の逃避行に同行したとしてもそれは家臣としての当然行為ないし日常行為であって徳川家への格別の貢献ではないとされたのではないか。書上の段階で禁止さたのか、それとも各家の書上ではそれなりに書かれていたものが、幕府の検閲でそぎ落とされたのか、詳細は不明である。譜代の御家人のほとんどすべての家が、完成された寛永系図中で家康の逃避行に触れておらず、統一感が強い点で書上段階では不揃いであったものが、提出後に幕府に於いて統一的にそぎ落とされたのではなかろうか。その結果、石川家も大久保家も寛永の系図中には神君への逃亡支援を記述していない。

　他方甲賀武士和田定教家は外様であるのでその系図はおそらく提出された書上の内容が役人の手で事実かどうか検閲されたが、外様の場合は家系や由緒更には徳川家への貢献など存分に書かせたのではないか。外様の御家人たちに幕府の官僚として活躍してもらうにはよそ者のままではまずく、このことがきっかけで徳川家と運命共同体化したといった事蹟が求められたはずである。歴史的事実と認定された内容はその後ほぼそのまま系図伝の正式原稿となり、完成後はそのゝゝ家光に閲覧された後幕府の書庫に格納された。幕府の要職者のみが閲覧することを許されたであろう。

　この結果和田定教家は寛永諸家系図で神君の逃亡劇を支援したという事実を認めてもらった

ばかりでなく、この支援に対する家康の感謝状(誓状)をもらった事実を公認してもらい、かつその誓状が現在和田家に存在することまで公認してもらったのである。その誓状は幕府のしかるべき機関に提出されそれが60年前に家康自身が発行したものであることも証明してもらったのではないか。つまり誓状は本物であり、家康は間違いなく定教の世話になって生き延びたと認定されたのである。

> **寛永諸家系図伝　和田定教の条**
>
> **定教**
>
> 信長につかへ、父の遺跡をつるで黒田の城を領す。そのゝち流落して江州甲賀に居す。
>
> 天正十年、信長害にあふとき、大権現和泉の境より甲賀の山路をへて御下向の刻、忠節をつくす。大権現これを感美したまひて誓状をたまはる。今にあり。
>
> そのゝち又参州吉田におひて大権現に謁見したてまつる。のち程をへて京都にて病死。歳五十八。法名浄雲。

さらにこの系図の大切なところは「甲賀の山路をへて御下向」と明記されている点である。この点は幕府の検閲の直接対象ではないが、定教は地元の甲賀武士であり実際に案内した本人であり、その本人しか知らぬルートを子孫が伝え聞いていたものとして幕府も黙認したものであろう。この際「甲賀」に加えて「山路」を通ったことを明示しており、小川から和田へ向かう道中の山道を指していて、石川忠総が言うような伊賀の平地を通るのとは全く異なることを指摘しておきたい。以上歴史史料として見た時の『寛永諸家系図伝和田定教家系図』の価値として幕府の官僚なり、老中なり、あるいはひょっとして将軍家光の意向がどこまで史料価値を貶め得るかを考えたとき、潤色があったとは認めがたく、むしろ逆に検閲が行われたこと自体が歴史史料としての真実度や信頼度を高めるものであったと云えよう。

ここでもう一度石川家系図に戻ろう。石川忠総は石川家を家督相続して約30年、この間大垣、日田、佐倉等の地方の藩主を歴任し、膳所の城主になって約10年、そこへ寛永の書上の提出要請があったので、満を持して石川家の家康への貢献をフルに書いた系図を提出したはずである。膳所に居る長所を生かして、担当者に詳細調査をさせ、あるいは参勤の合間には自身でも調べた上で、先祖たちがこんな貢献をしたと詳細に書いたであろう。しかし幕府の方針で各家統一でバッサリと切り落とされたのであった。

そこで石川忠総が選んだ道が、その他のいくつかの歴史記録とともに「神君伊賀越え」の"調査結果"を私的にメモ書きとして発表したものと思われる。しかし、この"調査"には三つの重大なミスが発生した。

①忠総が60年間聴取できた相手はすべて江戸の御家人仲間、藩主仲間であったため、誰一人本当のルートを知っている人物から聴取できていない。例え実父であれ養父であれ、連れま

わされた身では田舎の山道を覚えているはずもなく、真実を知らない人間から聞いても決して真実には到達できない。

　②当時80歳代ながら膳所から馬で2時間の距離の多羅尾村に事件当時和田定教とともに案内した本人である多羅尾光太（元初代多羅尾代官）が生存していたにもかかわらず、忠総は面接して聴取していない。忠総が真実に近づけた唯一のチャンスを逃した致命傷であった。

　③忠総は文中において伊賀丸柱村で家康一行をもてなすため宮田なる人物を登場させるが、この宮田なる人物は天正9年の天正伊賀乱で没落しており天正10年には不在のはず。またこの直後発生した第三次天正伊賀乱でも宮田氏城が現場の一つになっているが、宮田氏の影が見えない。さらに村の明治時代の文書記録でも宮田の存在は否定されている。すなわち没落を意味する。要するにこれは忠総が作ったフェイクニュースである。

　以上纏めると『石川忠総留書』は史料批判に耐えられず、家康の逃避行を論じるための史料としては役に立たない。他方『寛永諸家系図伝和田定教家系図』は系図史料であるにもかかわらず、幕府の検閲や審議を通過した可能性が高く、甲賀越を支持する信頼度が高い史料であると云える。

納戸（外部発表記録）　記録の保管場所

　平成12年、甲賀に帰って来た途端に忍者の末裔と認識され、2,3ケ月後には忍者文書も見つかり、この20年間毎年数件以上の取材があって将にマスコミの餌食であった。その外に自ら講演で話す機会もあり、時には記事を執筆したり、忘備録としてまとめてはあるが未発表の文章もある。

　全てを記録してある訳ではないので、一部にはなるが、大事そうなもの、残しておいた方が良さそうなものを、ザッと拾い上げておく。

　テレビの取材は最悪である。こちらの意図を汲んだ番組になった試しがない。それどころか発言を勝手に編集し、当方の意図と異なる方向にまとめらることが多い。しかも一日付き合っても無償である。

　これに較べると新聞や雑誌の取材や投稿依頼はまだしも良心的である。半分くらいは安いながらも取材手当や原稿料を払ってくれる上に、当方の意向をかなりの程度、場合によっては100％尊重してくれる。

映画、テレビ取材
　国内TV
　20件以上。特にNHKのディレクターの服部半蔵好きには何度も苦い目に遭わされた。要するに彼らの頭の中は漫画やアニメで流され続けて来た服部半蔵の世界で凝り固まっていてもっと柔軟に考えようとか歴史の真実に目を向けようという思考が全く無いのである。今年は有難いことに元旦の「歴史探偵」で甲賀越を取り上げてくれたが、本番でもそうだと良いのだが。残念ながら「どうする家康」の本編では又もや服部半蔵が活躍しそうな厭な予感がする。

　海外映画・TV
　イギリス、アメリカ、韓国、ドイツ

研究会、発表会での講演・投稿、依頼公演
　甲賀忍術研究会
　インターネット博覧会（インパク）HP投稿（2000年）以来内部発表10件近く

　甲南地域史研究会
　1ページものも含め8件（内7件は会報「地域の歴史」に掲載

近江歴史回廊倶楽部
講演、現地案内など５回

国際忍者学会
大会発表２回

一般依頼公演（子供会、老人会から商工会、校長会、老人会まで）
東京出張１回、名古屋出張１回、伊賀講演２回
滋賀県内、大津市内、甲賀市内等合計約 20 回

雑誌など

歴史雑誌忍者特集投稿　　　歴史読本等３件
業界誌、地域誌、広報誌など　10 件以上
子供向け忍者本一部執筆　　　１件

研究会、発表会での講演・投稿

整理不十分につき略

新聞

中央紙：朝日、日経、読売、産経各一回
地方面：延べ数十回
以下は東京からの前日出張で一日懸りの現地取材を行う記者に終日お付き合いした印象的な
取材であった。記者の咀嚼力・再構成力に感服すると共にその人柄にも敬服した。

朝日新聞（全国版）　2020年（令和2年）6月13日（土）

みちのものがたり

家康の「伊賀越え」（滋賀県、三重県）

本当は「甲賀越え」だった？

本能寺の変で織田信長がこの世から消えたのを知って、誰よりも命の危険を感じたのは、後に神君・東照大権現としてまつられた徳川家康だろう。何しろ「敵」に囲まれた中に、主従わずか30人余で放り出されたのだ。

本能寺の変の時、多羅尾信楽に迎えられ信楽（滋賀県甲賀）の小川城で1泊、柘植（三重県伊賀市）の徳永寺で休憩し、白子（鈴鹿）から船に乗り、4日深夜から5日未明に大浜（愛知県碧南市）に着いた。だが「伊賀越え」なのに、伊賀をどう通り抜けたのかは3説あって決着がついていない。

以前の主流は御斎峠（古く音聞峠とも）ルート（地図④）。服部半蔵率いる伊賀衆が待ち受け、信長を討つ決意を示した私信で6月4日付、山中に至る最短ルート（②）。勝所藩主などを務めた石川忠総の「石川忠総留書」にある。家康一行が御斎峠に集まった家臣の福地氏から諸将が敵か味方か分からない。村々は武装し、領主がどこでおなじみかは小説ふうにおもしろおかしく仕立ては小説。現在の御斎峠の通称は「桜峠を越え丸柱から信楽に帰った」と本人が書いている。

もう一つは、伊賀の国境に近い和田の領主柘植義への起請文（契約書）。家康が三河に逃げられたことで6月12日付との通りに帰ったとみられ。「裏切らぬ約」人質を出して「（道案内して）くれて精勤する処を」した。今後しかるべき処置。

忍者の末裔が唱える新説

甲賀忍術研究会元会長の渡辺俊綱さん（82）は甲賀出身の末裔だ。曽祖父は甲賀地方では本能寺の変当時の史料がほとんどなく、多羅尾氏に帰郷、郷土史家を調べるうち家康を泊めたと推測尾氏との関係の深い間柄、郷土史家の渡辺さんによれば「伊賀越けても柘植に至る最短ルートには不向きだ。御斎峠ルート④は街道が長く、峠から、これは目付の崖下への数十人の武士団が動けばには集落でつなぎ、平坦な街道が広く、定峠谷付の伊賀を通った。状況証拠となると、1代続いたが通例代官職を世襲。一代続いた時代の原典を、警護などをした。家康を泊めた大和尾氏は、例の原典を、警護などをした。隠密行動には不向きだ。

定説の家康ルート⑧は、伊賀に入ると山間に開けた集落までつなぎ、平坦な街道が広く、数十人の武士団が動けばには不向きだ。御斎峠ルート④は、いきなり教習付けの崖下への道いられる。よほど強く勧めるところから教えてくる。

甲賀伊賀越えの想定ルート

甲賀から伊賀を越える想定ルート③は、信楽地区でいったん伊賀に入り、再び甲賀に戻って和田から柘植に抜ける。全体に比べ山深いようだ。駆け抜けるにはどうか。駆けるには携林の中で周囲から見えにくく、逃げ切るには安心だ。

「神君伊賀越え」という表現が使われ、定説を助けている使吉家や伊賀者の就職活動に携わる人全般を指す。紀州藩での将軍になった吉宗は紀州藩出身者を含む「伊賀御庭番」を組織し、重んを持たせた収集し、複線的の情報収集し、「家康を助けた由緒しき番」を組織し、重んを持たせた伊賀者を厚遇している中で収集し、複線的の情報収集。

和田、伊賀、摂津、河内、山城など7カ国の通過距離は長近江、伊賀、摂津、河内、山城など7カ国。柘植義らの武士団が動けば伊賀の通過距離は長近江、伊賀、摂津、河内、山城など7カ国。

堺大名の選びたくない。和歌、摂津、河内、山城など7カ国で約160㌔に相当する由緒しき。徳川将軍の事跡をつづる「徳川実紀」に登場してからだ。将軍の事跡をつづる「徳川実紀」に登場してからだ。徳川幕府の命運が尽きるまで1代の命運が尽きるまで約170年。幕府の命運が尽きるまで170年あまりに迫っていた。

文・畑川剛毅
写真・矢木隆晴

康に随行した縁者に聞いたと言う。和田を討ったのは藤田達生教授（61）は三重大学の史料以前の主流、織豊時代に詳しい三重大学の藤田達生教授（61）は言う。「伊賀越えというよりも、甲賀越えという2点から史料に立ち返ってみよう、わずか2点から「伊賀越えというよりも、甲賀越えという2点から史料を持って、曽われたのはもとより、甲賀越えというよりも、甲賀同心」と呼ばれ、足軽同然の下僚だった。家康の危機を救った御紋の使用を許し、藤堂藩も通じ周辺の土地などを与え、瓦に葵の御紋の使用を許し、藤堂藩も通じ周辺の土地などを与え、瓦に葵の御紋の使用を許し、藤堂藩も通じ周辺の土地などを与え、藤田教授は「掃苔様の一大事を、足軽同然の下僚だった。

「伊賀越え」なのに、なぜ「甲賀越え」と呼ばれるのか。藤田教授は「掃苔様の一大事を、船を手配した角屋秀持で助けたという逸話を、伊賀者自身も精算し強調したのだからだ」という。

その直後、全員が召し抱えられたという「物語」は、八代将軍吉宗の時代に「伊賀者由緒書」の中で突如出現した。

藤田教授によれば、主に甲賀同心は追様を厚遇している中で報役を担ったため、甲賀同心は追様を厚遇している中で報役を担ったため、平和が続いて仕事が減り、扱い。平和が続いて「いわば、甲賀者の形を変えた就職活動ともいえる」。

甲賀伊賀越えの想定ルートは、「神君甲賀越え」ともいえる。当時、甲賀出身者と住居を集め、吉宗と伊賀者は住居を集め、主従になった吉宗と伊賀者は紀州出身者を含む「伊賀御庭番」を組織し、重んを持たせた諜報活動に携わる人全般を指す。「神君甲賀越え」ともいえる。

◆次回は、東京都民の水がめ多摩湖から東南東へまっすぐ都心に向かうサイクリングロードと井ノ頭通りを歩きます。20㌔余り、ほぼ一直線の道です。

今回の道

天正10年、徳川家康は織田信長とともに甲斐に侵攻、武田家を滅ぼし、恩賞として駿河を拝領した礼を言うため安土城を訪れた。京都を経て堺を見物、信長に会うため再び京都に向かう途中、本能寺の変を知った。

堺以降、家康主従がたどった正確な道は分からないため、地図は概略のルートを示した。

詳細図にある三つの伊賀越えルートのうち、甲賀を通るのは甲賀忍術研究会が示す「甲賀伊賀越えルート」(地図③)。倒木を除き下草を刈るなどの整備が続いているが、横山付近は私有地もあり、有害鳥獣対策のための柵も設けられ、無断で立ち入ることはできない。また、和田の南の県境付近はゴルフ場の中を通るため、通行できない。ガイドの案内が必要で、連絡は甲賀市観光まちづくり協会(☎0748・60・2690)へ。

明王寺は四代将軍家綱までの戒名を刻んだ位牌がある=写真。五代将軍綱吉の時代に幕府から寺号が授けられ、周辺の土地を与えられたと伝わるが、理由は明らかでない。

和田付近には、小高い丘を利用し、土塁などで防御する典型的な中世の城跡が点在する。室町幕府最後の将軍義昭が、将軍になる前に奈良・興福寺一乗院から逃れてきて隠れ住んだ「公方屋敷跡」もある。

中央の桜峠ルート(②)は、石川忠総留書に盛り込まれた地名を参考に柘植までつないだ。

御斎峠ルート(①)の詳細を載せた史料はない。御斎峠手前にある浄顕寺(甲賀市信楽町多羅尾)の「十王石仏」は9体しかない=写真。欠けた1体は、

朝日新聞　令和2年6月13日（土）全国版

甲賀から伊賀（槙山地区）に入ると、急に古道が現れた。樹林に囲まれ「敵」に見つかる恐れは少なそうだが、意外に明るい＝三重県伊賀市

伊賀越えの際に石仏をかごに乗せ、家康が自分の身代わりにしたという伝承が残る。

ぶらり

徳永寺（伊賀市柘植町）＝写真＝には、藤堂藩の藩主が代替わりするたびに授けられた寄進状が10通ある。内容はいずれも「付近の土地と田畑を寺領と認め、別に毎年米2石、茶2貫200匁（8.3㌔）を与える」。初代藩主高虎の寄進状＝写真＝の日付は大坂夏の陣の年の10月。靜永史範住職（69）によると、伊賀越えの途中、出された茶のうまさに感じ入った家康が直筆の寄進状をしたため、夏の陣の後に高虎に引き継いだという。葵のご紋の使用も同じ頃に許されたといわれる。

読む

「甲賀忍者の真実」（渡辺俊経著、サンライズ出版）は、甲賀忍者の末裔である著者が甲賀の地理と歴史を振り返り、なぞの多い忍者の本当の姿を紹介する。後半に、膨大な史料を読み込んで「神君伊賀越え」は「甲賀伊賀越え」と呼ぶべきだと主張する論考を載せる。

最近の小説で「伊賀越え」を題材にしたものに、「峠越え」（伊東潤著、講談社）、「茶屋四郎次郎、伊賀を駆ける」（諏訪宗篤著、朝日新聞出版）がある。

「伊賀越え」3ルート

おみやげ

読者への「読む」で紹介した3冊のいずれかを各2人に。住所・氏名・年齢・「13日」を明記し、〒119-0378晴海郵便局留め、朝日新聞be「みち」係へ。18日の消印まで有効です。

97

書庫蔵（史料、文献、論文、写真等）

　素人が調べものをする時最も困るのが最適な史料、文献、論文等を入手することが簡単でなく、大概は困難を極めることが多く途中で諦めることがしばしばあることである。ネット上で情報入手できることも多くなり、専門家にとっては楽な作業かも知れないが、御同輩の為に少しだけ書き留めておきたい。

　もっともネットで情報入手できてしまうと、わざわざ出掛ける旅の楽しみがなくなって寂しいと云えば贅沢なのであろうか。各地の図書館や資料館には本当にお世話になった。

史料

　1）織田信長の家臣池田恒興が近江国甲賀郡池田村の出身であることを裏付ける決定的史料である。

檜尾神社本殿棟札

奉造立檜尾社　天正八庚辰年十一月廿八日
願主池田勝三郎信輝
社僧阿闍梨隆栄
大工左兵衛重輝
社家小川宮太夫

7.檜尾神社棟札　檜尾神社（滋賀県甲賀市甲南町池田）蔵

『鳥取のお殿様』より

２）甲賀望月氏の出自に関する地元資料の一つである。これを妄信するのでなく、これを踏まえてどう考えるべきかが問われている。拙著『甲賀忍者の真実』に一つの考え方を提示した。

滋賀県甲賀郡甲南町新治　望月俊宜氏所蔵文書による　　　　文責　服部　勲

望月發端

抑御牧望月は古郷茂野小沼
餘戸延喜式日科野国中流行程
五百六拾里御牧拾六箇所貢馬
八拾疋諸牧ニ六拾疋望月牧弐拾
疋貢昇ス也干時文武天皇四庚
子年初ゞ貢馬を上昇スと云ゝ亦
元明天皇和銅元戌申年従大
内小沼田朝臣藤宅持急信濃守ニ
任ゝ入興有望月氏寮之古弥是
也後亦貞観拾四年八月十四日
鶴毛駒を添て貢昇ス　時ニ清
和天皇第三皇子貞保親王
信濃守ニ任ゝ第四貞元親王
皇子基渕は眼病ニ依り小
縣之鹿沢之湯ニ入興有弥津
滞留有て海野餘方郷佳ゝ一
族供奉之面ニ三拾六候有佐
久小縣ニ□ゝ王子兼野宮を奉
守護卿郷出ゞ重氏尊清尊
道則廣重道也ゝゝ相續せり
全場滋野姓後重道子供四
人有長男海野刑部太輔廣
道也白鳥城ニ住ゞ二女子
平賀冠者成四つ我之二男

義信之室ニ三男望月三郎
廣重横鳥城ニ住ゞ四男弥津
神平左近太輔道直浮鳥城ニ
住ゞ
人皇拾二代高穴穂宮之御□
城ニ国造建許憲命を以信濃
国造印□
又四拾五代聖武天皇原拾年ニ
玉諸国ゝ郡を造ゝ恣乞佐久郡郷名
八ツ有餘戸望月の古の郷名と云り旧古八
家数六十戸に満れ八拾戸宛別に
一里ゝなして長一人宛置て十
家ニゝ足さ家を大村附して別ゝ
長を置され八定数家ゝ餘
餘戸ゝいへ里凡家数拾六七戸も有
しなからん中古横鳥之郷と
云し也文録年中ゝ其名存せり
高数三百貫文之地也ゝ其
高ニ當れ八拾貫文五拾石右
□て千六百五拾五石ニ当ル也又望
月ゝ云ゝ八

人皇四拾代天武天皇即位四
年諸国ゝ令して駿し玉ふ毎年
勅使駒□とて恭廷へ御貢を上
貢す八牧馬を貢す又同し
御守ゞ太寶四年三月□ゝの
印を製り凡三拾武ケ国ゝ給り駒
貢払ニ毎年九月十日国
司牧監ゝ牧小縣小牧馬を改
印を抑着帳に歯墨岡成を
以て上用ニ立べし良馬を撰
ゝ上貢の御馬を取て御馬寄ニ
置明年八月上旬ゝ牧監附て
郡ニ上貢す其貢権家駑馬
を駒寄ゝ取て貞観七年定に
信濃国勅使牧野駒ゝ八月
九月ゝ貢す今より八月望の
月ゝ定ゝ是よりして牧ゝ望月
の名遣りと云也夫より以前
桐原の牧ゝ云大伴神社鎮座
桐谷の原なれば也信濃国拾六
牧貢馬八拾匹内望月御牧

廿匹外十五牧"て六拾匹御
牧十六け所といふ八岡屋塩原宮
所殖原大野平井竃笠原
高位新沼大室猪虜利を
長堤野山鹿望月也尚又文
治二年八月左馬寮領拾
六と所の外大塩平野小野萩金井
省盤南内此内笠原南条北
条吉田塩河麦野拝井多"利
金倉井右之牧場東鑑"見へたり

哥多き中"
逢坂の岩どとならし山立出る
　　　桐原の駒
大納言尊遠
逢坂の里の清水に影見へて谷や引らん
望月の駒貴之
天武天皇元明帝元年小沼田
朝臣信濃守"住ゝ奥入同四年
稲荷社始る現住望月稲荷
抑滋野の元祖と申奉家ハ
正三位大納言善渕は迯清和
天皇の御孫也六拾代醍醐天皇

の延長五年信濃守"任ゝ相
馬の逆賊を退治し越後陸
奥蝦夷等の備として猶又御牧
點検の貯め為"滋野姓を賜錦の
御旗をも給ふ幕の紋八月
輪七曜九曜也着任之届八済
海野平"住玉ふ夫より後望月御
牧の内"新"城を築き玉ふ後代二
居住し玉ふ天暦之頃嫡子判
官重氏"望月横鳥城を譲り
入道して海善寺殿と申奉白鳥
城"栖居玉ふ世の人是を滋野
天皇"称し崇敬し奉我弥津
母の宮と祭る八此御□なふ□又
貞元親王四か澤乃渇に入輿
成玉ふ旧跡にて深井之類族四之宮と
称し清和天皇第四皇子并
以てにや延長の頃望月郷村有
善渕王四代滋野氏公成るを
といへとも牧地廣ふして桐梓
松柏柳日□山と茂里田畑發と
かたし夫よ里百七拾餘年過善

渕王四代目左衛紋督尊道
公明長治二年牧野を滅し山林の
諸木を伐り田畑開発せしめ玉ふ
右開発人望月左京道治木
森久八詮次後"右京と改塩沢
佐七秋久右三人"而開発せし也
又善渕王より六代目□連使種
之太夫重道公之公達三人
女子壱人あり長男海野刑
部代輔廣道"云次は女子三
男望月三郎重俊云望
月家督相続す四男弥津
貞直之家督相続すと
左近太輔道直弥津神平
愛"同流之後流新羅三郎
義光之三男刑部四郎と申す
當国平賀"住し平賀冠
者盛義と号其子王賀四郎
義信武田世" 誉有勇
士也滋野重道公之姫を嬢婿
成る時に平治元年大内乱れて源

平相戦ふ義信左馬頭義朝
一味して平氏と戦ふ義朝戦
破て東国に走る平氏を追
ふ義信一騎返合せ強敵を
防ぐ是を鞍者之高名といふ
三條河平の合戦是也終逢
世の本国帰る時に□男父望月
権之輔重道公本城へ南
之山に城を築き住居内致る也
永治四年高倉之宮之令旨
有て従五位武蔵守に任られ
□政是より長男太郎修理太
夫と改四位に除して既に昇殿
大内冠者ト号依之次男頭郎
信季に望月を譲武蔵国に下向
して後兵衛佐□顔に属し末子
信武は木曽義仲に一味して
粟津合戦に討死に拠望月重
信隆と都に登元暦元年に
寿永年中に従弟丹袋忠三
道之孫□社は代々上之本城を
号互に望月之氏と称し両家
互に幼名を望月三郎と附家
事折々あり此藤に世に望月三

郎といふ名出あり本城三郎蔵
人頭国重之長男左衛門管国
親の弟に様の井行親といふ者有樋
之視志ル嶋行落合行急
小室ノ太郎光急原ノ四郎益急
柏木平三郎親隆蟹原太郎
正親太玉五郎為貞須輪刑
新左ヱ門一里菜祢津海野矢沢
當岩下依田塩田高井築井
和田・信廣を初として滋野
親王より代々滋野一族とて代々
戦に出高居ス盛衰観等にも
□たり小諸の記にも望月之兄弟
見ゆ遠江守光経兄弟小室左
郎光急と号し小室に移ると
あり祢津神平貞記にも貞保親
王貞元親王両王子之輝有也深
井の記にも貞元親王より代々是有
海野矢沢真田系図由□記にも
□くあり夏に
後醍醐天皇第三皇子宗良親
王を上野宮方世良田政義供
奉して我国上州之寺尾之城に
移し奉り匿申其後御女子

御出産有是を上野国と申良王
君と申奉る應永十九年四月に至上
杉憲之多勢を以寺尾城をせむ
乱国故親王立権玉ひ遁て信濃に
走り行神家□方千野六郎頴
忠嶋崎の城に移し参らせ国人小笠
原政秀千久拾矯香坂弾正望
月盛重同光時官方に属し□
安居し玉ふ部所ニて玉城之崎ト言
所あり名所□連る望月之地御牧
野布引山楽岩寺の城の筋にあたり
仙人居へといふ岩　に隠れましす
時に應永三十一年八月十四日良王君
引合て　ひ下野国落合の城□□り
居城へ送りまいらせ尚又平良親
王ハ諸士を卒て参河国に起りける

別れに望月野伊勢寺に帰る
哥
○う糸の身にありなば住もはてと帰り定
なき世のうき旅の夜
時に八月十五日飯田を経て　埸
大野を過る所に野伏起て見ず
そひ来る　大雨降て末之刻に
烈風東西の分ちなき所に飯田太

朗　場次郎と名乗宮　奉家
る事急也依て桃井背良田□□
兄弟一ノ宮酒井六郎同七郎
熊谷大庭本田等之勇士且
戦ひ且退き大井伊野神家滋
野望月宮方士卒於是討死ス
既ニ防戦之力尽て小山之麓なる
在家へ御輿を　入れ八宮ハ御自
害成玉ふ依て下野入道以下廿
五人自殺し在家に火をかけ自
焼す此間に逼変の有し也年
代移り治乱盛開仕時に　ひ破
所に　此所に尊連　　子孫相
受相続て望月横鳥城主善渕
王拾六代滋野遠江守充経公とて

□□し□ニて深九佛道を帰依有
精舎一宇を建立せんと観音地の
城の邊に其基を開き給ふ処其場
果さす玉ふ事なく卒去之後
嫡子対馬守盛世家督を縦
政道専ら仁義孝将五常之
道を専ら守り天性三徳兼備之
大将其上神佛を敬ひた両民に□は

憐愍深く亦比叡山の末寺寺小沼
郷望月輪寺迚右大将家し時より村
田望月の烈にかり御朱印頂戴シ
拾七付之大寺挌院有是八王滋
野親王御餞月輪寺ニ　納る古跡な
るゆへ也又人皇百四代後土御門院
野宇長亨二戊申年望月御桐
鎮座大神之神社を再興し玉ふ
抑此大伴乃神社と申は延喜二年
信濃国廿一社之内佐久郡三社之一
大伴英田長倉迚神代より鎮
座之神ニて御神體七月夜見命
に渡らせ給ふ佐久郡西北の隅望月御
桐谷連給ふ長倉は東北の隅
沓掛邊に鎮座あり英田八東南

方の御前平邊鎮座あり南西
は南方の神松原に鎮座あり凡
神霊は隅こに休ませ給ふもの也年
代深遠にして都乱れ無衰瀬して
いてとなく三社廃壊して只其春の
之残り此刻宮垣古敷立て御再
興有吉日を撰ヒ六月朔日御遷
宮神主今井河内小八郎之祭

祠を司しめ玉ふ是より御牧七郷の惣
社して崇敬す滋野之庄内御牧
七郷ト言ハ望月牧

望月□倉　　　　　八幡山池田邑ヲヱ
横鳥布施谷
　　　　滋沢院内　　　　達田
羽ら山八重原　　八幡馬切谷
　　　　□山但し節芳の牧等　　□□山布下
八重原といふ　　　　　　布下
藤沢大島
　　　　　藤沢原其取塚名田塚
□原　　　　　山浦
細谷塩川　　　　原其川山ヒ也
　　　小原川山ヒ也

尤玉下之城也塞則滋野家一族之
領地也時ニ　正徳元年甲斐□口佐久郡
乱入六月五日大井居城岩尾城を焼
打し落合兹寿寺を尽焼し同八月
倉瀬を越芦田を攻此時米持庄
司討死然其大井伊賀守様内等として
望月支城に馳向ひ甲斐兵に向ひ

『織豊期研究』第十二号（二〇一〇年十月）

史料紹介
織豊期甲賀「郡中」関連文書の紹介
―滝川一益・六角承禎の書状をめぐって―

尾下　成敏

小稿の目的は、戦国・織豊期の研究史のなかで甲賀郡の「郡中」と呼ばれている近江甲賀郡の「郡中」関連文書三点を紹介することにある。以下、各史料に解説を加える。

【史料1】滝川一益書状

急度令啓上候、仍而「 」岩室方・大野方相論之」宮最前走舞相定、以」理非之上可有其沙汰之」由候之処、去廿四日彼宮之木」従岩室方被伐由申」来候、内々承候条、岩室方へ」次第」可然之旨以折紙相届候処、」無承引如此之躰、失面目候、」然上者郡中之法度も可」相破候、急度被及御譴談、」実々右之分候を郡中」被成御堅尤候、雖然大野方」相違も在之事候哉、彼」走舞被召出、違変之」方へ可被及御行候、来」四日・五日頃可被」納」御馬候之条、拙者も直」其地へ走参、郡中一同ニ」成次第可相働候、無御断」急度其以前大津辺」迄可有御左右候、恐惶」謹言」

天正四年

五月廿六日　　大原滝川

一益（花押）

大原
御奉行中様
人々御中

滋賀県甲賀市内の個人蔵「田堵野大原家文書」のなかの一史料である。「田堵野大原家文書」は甲賀武士の大原氏に伝わった文書群である。ほぼ同文にして日付も差出書も同じ書状が「大原勝井文書」のなかにも二点存在し、石田善人氏によって既に紹介されている。五月廿六日付の「大原滝川一益」書状は、少なくとも既に三点は存在することになろう。

文献

織田信長の家臣滝川一益が近江国甲賀郡の出身であることを証明する資料之紹介文献である。

ご紹介したい史料や文献はもっとあるが、整理が悪くて出てこない。申し訳ないがこれでご容赦願いたい。

奥之間（帰ってきた甲賀者のプライバシー）

　当家は単なる一庶民のはずが、尾張藩甲賀忍者という歴史上の役割が判明し古文書の発見もあって今後とも忍者研究の対象になり続けるであろうことが想像されます。そこで今公開しておかぬと今後は埋もれてしまう恐れがあるもの、或は当家の家内でしか分からぬ歴史上の事実など本来ならプライバシーの観点から公開せぬものも、敢えて公開しようとするものです。

　　仏間　　　嵯峨源氏渡辺家の先祖たち・・系図、過去帳、石碑、位牌など
　　居間　　　普段着の仲間達・・・・・・・仲間と家族
　　寝室　　　転生の記録・・・・・・・・・履歴書
　　甲賀の自然と生活と歴史・・・・・・・・自然環境と普段の生活と歴史の跡

仏間（渡辺家の先祖たち）

嵯峨源氏渡辺家の先祖たち

嵯峨源氏渡辺家系図

　当家と当家の分家には少なくとも3種類の系図が存在した。甲賀郡杉谷村の渡辺本家である当家（仮に善右衛門家とする）には杉谷居住開始（1587）以来の系図であるX系図が存在したはずである。しかし、このX系図は文政〜天保の頃の落雷による火災で焼失した。

　他方、第1の分家である渡辺新右衛門家は実は杉谷移住時代から続くほとんど本家と同じ位古い分家である。しかもこの分家と本家は数代にわたり血統を交えており本家と同じ先祖から始まるほとんどX系図と同じ書き出しのC系図を保有していた。しかしこの家系は江戸時代から杉谷では医者を勤めながら尾張藩忍び役を務めて来たが、大正頃に忽然と杉谷から姿を消し、個人情報保護法の制約もあって現在連絡が取れない状態である。

　この間、幕末近くになって分家した第2の分家である渡辺清三郎家（当家の西隣）はB系図を保有するが、当然のことながら当家から分かれたので当家と同じ前半を持ちその後半にこの分家の歴代が並ぶことになるはずであるが、なぜか第1分家の新右衛門家の系図もかなり詳しく書き込んである異色の系図である。このことはX系図が既に焼失していたので、B系図はC

系図を基に作成し、それに当時本家で伝っていたことを追記したのであろう。

　大正年間になって本家の渡辺平右衛門俊恒の次男渡辺順蔵によって埼玉県箕田神社宮司からの情報を取り入れた本家系図がA系図として再建されるが、ここにはC系図で甲賀への移住者として書かれている渡辺綱久が居らず、代わりに天正15年摂津からの移住者として渡辺久綱が杉谷渡辺家の初代として記述されている。ここの部分だけは詳細な再検討が要るが、A系図そのものは特に江戸中期以降は信頼できるものと考えてよい。

渡辺家過去帳

　昭和17年渡辺泰治の死去に際し、妻渡辺久が菩提寺勢田寺の住職に依頼して、勢田寺の過去帳に記載されている情報を基に、当家に伝わる情報等を加味して作成したものである。残念ながら当家の歴史の方が浄土宗勢田寺の歴史よりも長く、勢田寺が天台宗であった時代の当家の記録が浄土宗勢田寺にはほとんど残っていない。

位牌

勢田寺の浄土宗転宗に貢献した渡辺俊弟(号性蓮)以外の位牌は恐らく死去50年ごとに撤去されてきたものと思われ比較的近年になくなった人の位牌以外は全く残存していない。しかし勢田寺の本堂祭壇左手の奥に勢田寺歴代住職の位牌と共に渡辺俊弟の大型位牌と渡辺家関係者又は里出集落の関係者のものと思われる大型集団位牌(月牌または日牌用)が元禄時代前後の日付と奉納者名つきで残っている。天台宗時代の渡辺家の歴代推移を解き明かす上で貴重な史料である。

トピックス
一石一字経蓋石

　平成年間の新名神高速道路建設工事により旧杉谷村の山地の墓地(三昧)が高速道路の下に埋没することになった。この時墓地を移転するため各家ごとに墓標や墓石の下を掘り返して御先祖様に新墓地へ移転していただいた。当家では勢田寺の浄土宗転宗に貢献した渡辺俊弟(号性蓮)の石碑下を重機で掘り起こしたが、

その際小石がぎっしり詰まった壺が石の蓋付きで出土した。中身は一石一字経であったが重機の為飛散しかつ蓋石も一部損傷してしまい、すべて回収とはならなかった。蓋石には墨書があり、解読した所俊弟の息子俊参（実は尾張藩甲賀五人の初代の一人）が父の供養の為村人に一字づつ経文を書いてもらっていたことが判明した。また、浄土宗とは異なる山伏の影が見える墨書である。

一石一字経蓋石翻刻文

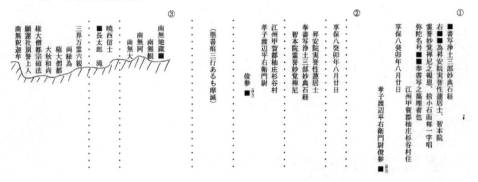

① 享保八癸卯年八月廿日　江州甲賀郡柚庄杉谷村住　孝子渡辺平右衛門尉俊参■（作ヵ）
■書写浄土三部妙典石経
右■為昇安院実誉性蓮居士、智本院霊誉妙覚禅尼之報恩、拾小石而毎一字唱弥陀名号■奉書写之築埋者也

② 享保八癸卯年八月廿日
昇安院実誉性蓮居士
奉書写浄土三部妙典石経
智本院霊誉妙覚禅尼
江州甲賀郡柚庄杉谷村
孝子渡辺平右衛門尉
俊参■（作ヵ）

③ （墨書痕三行あるも摩滅）
．．．．．
南無地蔵
南無観
南無阿
南無大
暁西信士
長太郎　滝
三界万霊六親
両縁為
権大僧都
大秋和尚
権大僧都宗碩法
願運社頂誉上人
南無釈迦牟

善右衛門と平右衛門

　下表は江戸時代の当家の現時点における全記録のリストである。祖母から聞かされていた、当家では善右衛門と平右衛門を代々交互に襲名していたということは、系図でもある程度判明しているが、更に当家に残る古文書類に記された名前でもそれが確認された。

渡辺善右衛門家（現渡辺俊経家）の江戸時代の全記録

2019.6.26, 2023.2.25

和暦	西暦	氏名	出典	文書名など	備考
天正15年	1587	渡辺善右衛門	嵯峨源氏渡辺家系図	久綱の項	「江州甲賀郡杉谷村始来住 元摂州住人也」
慶長13年6月	1608	渡辺善右衛門	嵯峨源氏渡辺家系図	久綱の項	没年、戒名なし、6月30日は6月晦日(29日)の誤りか
万治5年9月	1660	渡辺善右衛門尉	渡辺俊経家文書55	(砲術伝書)	(根矢打様之次第)
万治3年9月	1660	渡部善右衛門	渡辺俊経家文書56	(渡部流兵法相伝書)	鉄炮指南書
	1670頃	平右衛門尉俊弟 号性蓮	嵯峨源氏渡辺家系図	俊弟の項	俊直息 三之助父
延宝元年12月	1673	平右衛門	渡辺家過去帳	四日のページ	「冬誉静心信士」
延宝2年6月	1674	平右衛門室	渡辺家過去帳	十九日のページ	「西月妙安信女」
延宝7年	1679	渡辺三之助 後平右衛門	嵯峨源氏渡辺家系図	俊参の項	延宝7年より尾張藩仕官
延宝8年8月	1680	甲賀渡辺三之助俊次写之	渡辺俊経家文書69	「大将正行巻 第一」	
貞享元年12月	1684	平右衛門他2名	渡辺俊経家文書136	「定一札之事」(本物返し)	借主傳兵衛 請人惣兵衛
貞享2年8月	1685	庄屋平右衛門殿	杉谷区有文書208	「仕ルー札之事」	
貞享2年	1685	庄屋平右衛門	矢川神社文書259	「一札」	
貞享4年7月	1687	渡辺三之助	渡辺俊経家文書38～40	(居合免許状)	真野与左衛門より受領
貞享5年7月	1688	渡辺三之助	渡辺家過去帳	十一日のページ	「真歸詠説童子」三之助息
貞享5年11月	1688	渡辺三之助	渡辺俊経家文書41～46	(居合免許状)	木村文四郎・神山市右衛門あて授与
元禄4年6月	1691	平右衛門息	渡辺家過去帳	五日のページ	「泰屋安智童子」
元禄7年12月	1694	渡辺新六郎父	渡辺家過去帳	一日のページ	「誠譽證源信士」
元禄13年7月	1700	平右衛門娘	渡辺家過去帳	四日のページ	「心月智法童女」
	1700頃	渡辺三之助	前川友直「藤堂藩伊賀者の系譜」-「貝野家文	「伊賀忍法權來由緒」寛政4年(1792)	渡辺権右衛門・木村文四郎と共に
元禄14年1月	1701	平右衛門妻	渡辺家過去帳	二十九日のページ	「巓光顔悦信女」
元禄16年1月	1703	杉谷村里出性蓮老(平右衛門尉俊弟事)	渡辺俊経家文書100	「日牌料請取證文之事」	念仏講惣代、勢田寺住持より
宝永2年	1705	杉谷村里出性蓮老(平右衛門尉俊弟事)参ル	渡辺利清家文書	「日牌料請取證文之事」	地域代表、住持より
正徳元年8月	1711	平右衛門父、平右衛門尉俊弟事	渡辺家過去帳	二十日のページ	「舁安院實譽性蓮居士」
正徳2年	1712	渡辺新六郎宗庵弟善右衛門	杉谷区有文書	「正徳二年江州甲賀郡水口領杉谷村差出帳」	当村出生之百姓、尾張様方金子少々拝領、殺生筒所持之猟
正徳3年	1713	杉谷村里出渡辺平右衛門殿	渡辺俊経家文書101	「日牌料證文之事」	
正徳年10月	1714	平右衛門母	渡辺家過去帳	六日のページ	「相譽瑱覺妙智信女」
享保6年4月	1721	渡辺新六郎	渡辺俊経家文書2	「盟文之事」	加判望月佐兵衛
享保8年8月	1723	孝子渡辺平右衛門尉俊参	性蓮墓地一石一字経蓋石畳置	杉谷村羽袮田の三昧(墓地)の渡辺家墓所の性蓮墓石下	権大僧都宗庵(木村家?)法印の名の外浄土宗僧侶の名もある
享保8年	1724	俊参三之助 平右衛門	嵯峨源氏渡辺家系図	享年63才	延宝7年より尾張藩へ46年勤務
享保9年7月	1724	平右衛門弟	渡辺家過去帳	十日のページ	江戸にて死去「照譽俊明信士」
享保10年2月	1725	渡辺善右衛門 (俊安のこと)	渡辺俊経家文書4	「盟文之事」	加判渡辺武兵衛
享保17年3月	1732	善右衛門息	渡辺家過去帳	十三日のページ	「香室梅■童子」
享保18年2月	1733	善右衛門息	渡辺家過去帳	十八日のページ	「智玉霊心童子」
宝暦14年6月	1764	善右衛門妻	渡辺家過去帳	二十六日のページ	「縁譽法室清因禅定尼」
明和2年	1765	渡辺平右衛門	矢川神社文書123	「矢川大明神楼門修理本立講」	望月甚右衛門と共に
明和3年2月	1766	杉谷村庄屋平右衛門	渡辺俊経家文書129	「御感状并由緒書写」	御代官所石原清左衛門様宛て
明和8年	1771	平右衛門父	渡辺家過去帳	二日のページ	「常光院心譽俊安居士」

明和9年	1772	渡辺平右衛門（規俊のこと）	渡辺俊経家文書6	（御忍役人起請文）	加判渡辺岩治郎
明和9年	1772	平右衛門	嵯峨源氏渡辺家系図	規俊の項	尾張藩忍び役開始
寛政2年4月	1790	平右衛門室	渡辺家過去帳	十日のページ	「摂取院光譽壽照大姉」
寛政3年4月	1791	渡辺平右衛門規俊	渡辺俊経家文書61	「甲賀流炮術秘書」	
寛政8年	1796	規俊平右衛門	嵯峨源氏渡辺家系図	没年 享年72才	
寛政9年4月	1797	渡辺善右衛門俊宗	渡辺俊経家文書7	「盟文之事」	加判なし
文化5年12月	1808	善右衛門息（俊明のこと）	渡辺家過去帳	二十日のページ	「英光院賢譽俊明居士」行年20
文化8年閏2月	1811	杉谷村善右衛門・新右衛門	渡辺俊経家文書12	「奉願口上書」	村中村源之進・塩野村与左衛門・塩野村基太夫
文化11年6月	1814	渡辺善右衛門	甲賀五人文書「連書并願留」	（申し立て人5名の1人）	渡辺新左衛門・木村源之進・神山与左衛門と作
文政3年9月	1820	渡辺善右衛門	甲賀五人文書「連書并願留」	「奉願口上之覚」	渡辺新左衛門・望月弥作と共に木村源之進の倅文八への加判
文政3年9月	1820	渡辺善右衛門	甲賀五人文書「連書并願留」	「奉願口上之覚」	渡辺新左衛門・望月弥作と共に神山与左衛門の倅政吉への
文政8年11月	1825	渡辺善右衛門	甲賀五人文書	「奉願口上之覚」	倅平右衛門38才への交代申し入れ、4人加判
文政9年	1826	平次右衛門尉（後善右衛門のはず）	嵯峨源氏渡辺家系図	俊宗隠居	
文政9年4月	1826	渡辺平右衛門（俊宣のこと）	渡辺俊経家文書8	（御忍役人起請文）	加判喜田善治
文政9年9月	1826	俊宣（平右衛門）	嵯峨源氏渡辺家系図	享年36才	
文政11年	1828	善右衛門・玄俊	矢川神社文書130	「矢川大明神別当普請奉加帳」	
文政12年3月	1829	渡辺善右衛門俊勝	渡辺俊経家文書9	「盟文之事」	加判渡辺三蔵俊正
文政12年12月	1829	渡辺平右衛門	渡辺俊経家文書149	「金子借用證文之事」	北予借手庄左衛門外2名
	1830頃	渡辺善右衛門俊宗	渡辺俊経家文書120	（渡辺俊宗家指図）	天保頃に落壁で火災になる前
天保6年5月	1835	（善右衛門俊宗）	渡辺家過去帳	二十日のページ	「不退院利譽俊宗居士」
天保6年	1835	善右衛門俊宗	勢田寺墓石（無縁墓地中）		「不退院利譽集華居士」
天保8年2月	1837	渡辺平内室ちか・善右衛門・同妻寿、清吉・同妻里津	渡辺俊経家文書116	誓約之事（別家へ田畑割渡に付）	渡辺俊宗神靈前
天保10年9月	1839	望月官三郎源重強	渡辺俊経家文書25	（飯綱法相伝書）	渡辺善右衛門
天保13年	1842	木村文八・渡辺善右衛門・渡辺新左衛門・神山与左衛	甲賀五人文書	「望月官三郎病気願」	望月官三郎重強より倅哥之助12歳へ
天保13年	1842	渡辺善右衛門	渡辺俊経家文書26	「忍術極法」	
弘化4年2月	1847	渡辺善右衛門	渡辺俊経家文書115	用地帳	
嘉永6年3月	1853	渡辺善右衛門・渡辺泰輔・渡辺清吉ほか8名	矢川文書133	「矢川大明神神輿再建勧化帳」	杉谷村寄付者中11軒が渡辺姓
安政2年7月	1855	（善右衛門俊勝）	渡辺家過去帳	二十七日のページ	「即教院最譽俊章居士」
安政2年7月	1855	俗称善右衛門行年46才	渡辺俊経家文書121	「即敬院最譽俊勝居士香萁控」	塩野望月弥作、中村木村源二郎の名有り
安政3年12月	1856	本家渡辺捨三郎	渡辺俊経家文書117	「御高名帳」	
文久3年8月	1863	捨三郎	渡辺俊経家文書118	「渡辺善右衛門大借仕法始末」	（先代善右衛門在世中、大借仕…）
元治元年	1864	渡辺捨三郎	神戸市望月兼信家文書	3名へ出陣命令受け従軍の記録（第一次長州征伐従軍記）	渡辺右馬太郎・望月弥作重庸の父重強が従軍
慶応4年	1886	木村栄三郎・渡辺捨三郎	渡辺俊経家文書126	「願書」写	（越後出動猶予二付）
明治29年2月	1896	平右衛門母泰治祖母	渡辺家過去帳	三日のページ	「志ゆう」
大正5年4月	1916	平右衛門事泰治父	渡辺家過去帳	八日のページ	「即顆院桑譽仁翁俊恒居士」

幕末期「渡辺捨三郎」の比定について

1．経緯

　渡辺俊経家文書 No.52『本藩御触書写』は幕末維新前夜の藩内の動きを映したものであるが、肝心のどの藩のものか判然としない。当然書写した渡辺捨三郎は甲賀渡辺家の一族と思われるが、出自が分かっていない。甲賀渡辺家本家とその別家群は尾張藩（本家）水口藩（宗十郎家＝当時は御殿医）、岸和田藩（清三郎家）と３つの藩と関わりを持っており、渡辺捨三郎がどの家の者であるかが分かれば、自然にどの藩のものか分かるはずである。

2．一次検討の結果

　最初、兄が吉次郎（吉治良）であり弟が竹四郎であれば中間の者が捨三郎であってもおかしくないと思われたので、渡辺俊盛（清吉）が兄から別家を引き継ぐまでの間まだ本家にいて渡辺捨三郎を名乗った可能性があると考えた。しかしその可能性は、俊盛（清吉）が1837年にはすでに分家していてその約20年後に本家渡辺捨三郎と名乗る（②）のは不自然である点と文書が署名（1856.12）（1864.12）された時にはすでに俊盛（清吉）は没して（1856.9）いて署名できない点から否定された。若し俊盛の没年が間違っていて、その没年は実は兄の俊貞のもので、俊盛は明治維新前後まで生きていたと言うようなことがあれば事態は逆転するが、そうでもない限り俊盛が捨三郎である可能性は無い。

　俊盛（清吉）の子俊興（清三郎）であれば年代的には生存期間が文書の年代と合い、また後に利三郎と名を変えていた事実もあり、それと同様にある期間捨三郎を名乗った可能性は無くは無いが、清三郎はもともと別家（今も「新宅」と呼称されている）の生まれであって、本家を名乗ることは考えにくい。

　水口藩の御殿医であった渡辺泰輔、宗十郎家の兄弟関係は詳らかでないが、更に数代以前からの別家であって、やはり本家を名乗ることは当時の常識からは考えにくい。

　では本家でこれに該当する人物はいないか見てみると、男性で維新前10年間を生きた人物は渡辺俊恒（のち平右衛門）のみであり、また俊恒の男兄弟は系図上では早世した弟が一人いるのみで、他は女姉妹のみである。俊恒は長男であり本来捨三郎と呼ぶことはあり得ないので捨三郎は本家の人間ではないと一応判断せざるを得ない。

　以上の検討の結果、甲賀渡辺一族には渡辺捨三郎と比定できる人物は存在しなかったことになる。

3．検討資料一覧
1）渡辺俊経家文書

　①『本藩御触書写』　No.52　元治元年（1864）　渡辺捨三郎
　　捨三郎の出自如何では「本藩」が尾張、岸和田、水口の三つの可能性がある。
　②『御高名寄帳』　No.140　安政3年（1856）　本家渡辺捨三郎
　　渡辺本家（現渡辺俊経家）の田畑別石高計算書である。とすると捨三郎は本家の人物か。
　③（金子返済延滞願書）No.161　辰6月　（　　　）　渡辺捨三郎、木村栄三
　④『誓約之事』　No.137　天保8年（1837）　渡辺平内室ちか、善右衛門、清吉ほか

　八重女とは渡辺俊貞の妻と思われ、渡辺清吉俊盛は天保8年後出のA系図の通り、兄の渡辺俊貞の別家を改めて引き継いだものである。

　⑤『由緒書御届書』　No.144　明治6年（1873）　渡辺利三郎

渡辺三家（本家、宗十郎家、利三郎家）が同趣旨の届けを出しており、俊貞より３代とあり利三郎は清三郎の明治維新以後の別名と考えられ、利三郎と清三郎は同一人物である。

２）渡辺家系図

⑥ 『嵯峨源氏渡邉家系図』系図（渡辺本家（＝現俊経家）系図）Ａ系図

```
──俊宣─｜─俊勝（善右衛門）────俊恒（平右衛門）───
       ｜─俊貞（吉三郎、別家　系在別、仕泉州岸和田城主岡部家）
       ｜─俊盛（清吉、仕泉州岸和田城主、同姓俊貞承名跡）
       ｜─平四郎（信楽勅旨村大西家為養子）
```

独立して別家を設立した次男俊貞が子供が無いままに亡くなったためか、三男の俊盛にその別家を譲っている。なお次男が吉三郎と呼ばれていたのは不自然であり、この点は後出Ｂ系図、Ｃ系図の吉次郎または吉治良が正しいのではないかと思われる。

⑦ 『嵯峨源氏渡辺綱一族系譜』P37、Ｂ系図、Ｃ系図
```
──俊宣─｜─俊勝（仕尾州太守）────俊恒（仕尾州太守）
       ｜　（善右衛門）　　　　　　（平右衛門）
       ｜　　　　（文政９年ヨリ）
       ｜─俊貞（仕岸和田城主）───俊盛（仕岸和田城主）───俊興（仕岸和田城主）
```

Ｂ系図	（吉治良）	（清吉）	（清三郎）
Ｃ系図	（吉次郎）	（清吉）	（清三郎）

俊盛が俊貞より一世代繰り下がっているが実際は両人は兄弟であり、本家の俊恒と俊興が同世代で本家と別家で最後のお城勤め同士であったことからも分かる。またＡ系図の吉三郎は間違いでＢ系図の吉治良またはＣ系図の吉次郎が正しかったものと思われる。

３）勢田寺過去帳

⑧渡辺俊昭家（現渡辺俊経家）
　　俊勝（善右衛門）：　　安政２年（1855）没
　　俊恒（平右衛門）：　　大正５年（1916）没

俊勝は明治維新の10年以上前に没しており、渡辺本家で明治維新を迎えたのは俊恒であり、俊恒（平右衛門）は明治時代に第２代と第４代の南杣村村長をしている杉谷村の記録がある。

⑨渡辺清家（現渡辺利清家）
　　俊盛（清吉）　：　　安政３年（1856）没
　　俊興（清三郎）：　　明治36年（1903）没

俊勝と同世代の俊盛（清吉）は俊勝同様明治維新の 10 年以上前に没していて、別家で明治維新を迎えたのは俊興（清三郎）である。

4）外部資料
⑩岸和田藩甲賀士名簿（大阪中谷氏作成）

明治元年作成甲賀士名簿（馬杉彦十郎文書 34 番）　　渡辺清三郎
　　明治 3 年士族禄制（大越勝秋氏史料）　　　　　　　渡辺清三郎
　　明治 6 年士族名簿氏名（大阪市史編纂室）　　　　　渡辺俊興
　　　渡辺俊興（清三郎）が岸和田藩最後の甲賀士の一人であり、明治維新をまたいで生存した人物であったことが外部資料で確認できる。

⑪ 150 年前の杉谷（「矢川大明神神輿再建勧化帳」嘉永 6 年（1853）より杣庄章夫氏抜書き）

　　　　明治維新の 15 年前の杉谷 137 戸中渡辺姓は 11 戸
　　　渡辺善右衛門　　　渡辺泰輔　　　　渡辺清吉
　　　渡辺小右衛門　　　渡辺作右衛門　　渡辺新左衛門　　　渡辺久左衛門
　　　渡辺定助　　　　　渡辺文六　　　　渡辺三五郎　　　　渡辺源右衛門

上段冒頭の 3 戸は間違いなく渡辺本家と系図上つながりの確認されている別家 2 戸である。またその他の 8 軒には渡辺捨三郎と比定できる人物は見当たらない。

4．追記
1）経緯
今般家内の文書等を更に精密に調べ、別紙のごとく事件を年代順に整理した結果、渡辺捨三郎は渡辺平右衛門俊恒の幼名であると比定してほぼ差し支えないとの確信を得たので以下にその推定根拠を記述する。

2）比定の根拠
今回得られた新しい情報は、平右衛門俊恒の父善右衛門俊勝の香典帳記載の「行年 46 歳」（No.139）と平右衛門俊恒自身が残した宅地図から俊恒が「明治 17 年に 35 歳」であったことが確定したことの 2 点である。これらによりそれぞれの生誕年が確定でき、各事件の際のそれぞれの年齢が判明した。また、過去帳を繰ると俊恒の生誕以前に少なくとも男子 1 名、女子 2 名の幼児幼女が死去しており家系の体質なのか天保期の食糧飢饉の影響なのか、俊恒の親即ち俊勝が子供を育てることに苦労していたことが推測できる。

111

先ず、生誕年を確定する。

善右衛門俊勝　　文化7年（1810）生まれ　　安政2年（1855）死去　行年46
平右衛門俊恒　　嘉永3年（1850）生まれ　　大正5年（1916）死去　行年67歳

　更に別表の年表にその時期の渡辺本家の動静をまとめてみた。実は渡辺本家では江戸時代の後半に幼折や若死が多く、相続の困難に直面している。俊勝（善右衛門）、俊貞、俊盛、竹四郎の四兄弟の父俊宣（平右衛門）は栗太郡から迎えた養子である。先代の俊宗には俊明という長男がいたが25歳の若さで亡くなっている。そこで俊宣を養子に迎えるがこれまた36歳で亡くなっている。幸い俊宣は上記四人の息子を残してくれたが、次男の俊貞は一旦別家を創立したものの間もなく亡くなっている。この様な背景で本家長男俊勝（善右衛門）の長男として生まれたのが俊恒（のち平右衛門）であるが、この前後に幼折と思われる戒名に善童子、善童女が付く死者が多い。そこで俊勝は俊恒の長命を祈ってあえて「捨三郎」と呼んだのではないか。これはあくま
で推定である。現在のところ確定できる物証は出てきていない。

　これらから分かる事は、善右衛門俊勝はその親平右衛門俊宣の行年36歳に続いて46歳という若さで2代続いて当主が若死にしたこと、そして待望の跡継ぎたる俊恒が生まれたのは俊勝が数え年40歳の時で、また俊勝が亡くなった年にはその一人っ子長男である俊恒はわずか6歳であったことである。

　俊恒の兄・姉に当たる少なくとも3人の死があっての俊恒の誕生で、俊恒は兄達が生きていれば本当は長男ではなく、過去帳に記載漏れの男児の幼少死が更にあったかも知れないことも想定すると、少なくとも次男以下の生まれで、親の俊勝が生まれてきた俊恒に生き延びて欲しい一念で「捨三郎」と名づけた可能性は十分にある。

　渡辺捨三郎が渡辺俊恒（平右衛門）であるとするとすべての矛盾が解消するのも事実である。安政3年（1856）の『御高名寄帳』は俊勝の死去の翌年の発給であり、6歳で家督相続した俊恒が7歳で幼名の「捨三郎」を用いて公式にお上に提出したものの控えと考えると理解できるのではないか。一般には書かない「本家　渡辺捨三郎」としたのも公式書類なので幼名のみでは不十分として殊更に「本家」を名乗ったのではなかろうか。内容も詳細で字体は手馴れていて本人の自筆ではなく近親者の代筆であるようにも思えるが、当時はこの程度の字を書く素養を7歳でも備えていたのかもしれない。

　その後元治元年（1864）『本藩御触書写』を渡辺捨三郎名で残しているが、このとき俊恒は数え15歳である。俊恒に係る「起請文」が見付かっていないので、俊恒が正式に尾張藩に出入りを認められていたと断定は出来ないが、渡辺家系図の中では俊恒は「仕尾州太守」とあり、この年齢でも既に忍びの御用を承っていた可能性は十分にある。若しそうであれば、俊恒が尾

張藩からの触書を書き留めたと考えるのが妥当であろう。というのはこの触書には「前大納言様」という「尾張藩での第14代藩主徳川慶勝を指す呼び名」が出てくることや、伊勢路という岸和田藩や水口藩では考えにくい地名が出てくることから、触書そのものが尾張藩のものであろうと推定されるからである。

3）検討の結果
　90％以上の確率で渡辺捨三郎を渡辺俊恒に比定することが出来そうである。幕末の混乱の中での記録なので困難は予想されるが、藩の元治元年のお触れ発給の記録と照合する作業が残されている。

5．幕末期尾張藩触書の調査
1）経緯
　最近になって幕末期尾張藩の触書が留帳として東京都豊島区目白の「徳川林政研究所」に残っていることが判明した。平成20年10月29日、同研究所を訪問し当家に残る触書と同じものが尾張で発給されていたかどうかを確認することとした。

　残念ながら元治元年10月2日付けで甲賀へ向けて出されたであろう触書と完全に一致するものを発見することは出来なかったが、『本藩御触書写』中の一部については同文の触書が尾張藩内で発給されていたことを確認することが出来た。

2）幕末期尾張藩触書等の背景
　元治元年の蛤御門の役から長州征伐へかけて将軍家茂が上京し、大坂城に滞在する時期、御三家の筆頭尾張徳川家は前藩主の慶勝が軍を率いて上京し更に広島まで遠征するのであるが、この間慶勝の動静を記した日記や道中御用などと共に、種々のお触れが種々の役職名で発せられている記録が役職別にほぼ日付順に留書として残されている。但しいくつもの役職からお触れが出されるが、元のお触れが引用されて次のお触れが出されるので、同じものが各所に重複して引用されている。また、役職によっては留書を作っていなかったのか或いは最終提出を怠ったのか、綴りの中には残されていないケースもある模様である。

3）『本藩御触書写』との照合
　今回の半日の調査の範囲では、『本藩御触書写』と完全に一致する元治元年10月2日付の尾張藩の触書を見出すことは出来なかった。しかし『本藩御触書写』のなかの表紙から5ページ目の「御書写」からの数行は9月26日という日付も含めて同文が尾張藩文書（尾－1）16－1「前大納言様御道中触留」及び同17－1「京都大坂広島触留」の中に見付かった。又、6ページ目の「今般　前大納言様御事・・・・」から11ページ目までの文章は日付が10月2日でなくすべて10月4日にはなっているものの尾張藩文書（尾－1）13－3「前大納言様京都大坂広島御道中日記」、同14－1「前大納言様御上京並御下坂芸州御用留共」及び同16－1「前大納言様御道中触留」に同文が見付かった。

113

これらは出陣に際し家臣に注意事項や携行品を指示した具体的なものであり、甲賀在住の5人の甲賀者に対しても出陣命令が出ていて、それが当地で『本藩御触書写』として書き留められたものと思われるが、10月2日付の甲賀者に対する具体的な出陣命令書を今回は尾張藩文書の中に見出すことは出来なかった。推測するに、遠隔地の甲賀に対しては、藩内には10月4日に出す予定のお触れの内容を10月2日付けにして急いで発送した。しかしそれは甲賀の5人だけに対する緊急特別処置なので藩内の担当部署が判然とせず、出陣準備で混乱する藩内ではお触れとして記録されなかったのかもしれない。

　また、出陣の結果の記録は見付かっていないし、渡辺家では幕末期の出陣に関する伝承は何も伝わっていないが、上記お触れでは長期にわたる参陣で鋤鍬やカケヤなど日用品の持参が義務付けられており、戦国期のような戦闘が続いておれば甲賀5人にも戦死者が出ていたかも知れない。第一次長州征伐では尾張藩はほとんど戦闘もせず引き揚げたので、甲賀五人にもさしたる損害もなく済んだが、何か理由があったのか第二次長州征伐への参陣を断っている。

4）再々検討結果
　『本藩御触書写』は尾張藩のお触れの写しであることが確認された。よってそれを書いた渡辺捨三郎は渡辺本家でただ一人明治維新を迎えた男性であり、系図にも尾張藩に仕えていたと記されている渡辺俊恒（後の平右衛門）の幼名であるとほぼ断定できる。

5．結論
　幕末期の渡辺家文書に登場する渡辺捨三郎は渡辺俊恒（のち平右衛門）の幼名であると比定するのが妥当である。

渡辺綱久と渡辺久綱
　嵯峨源氏渡辺家系図（甲賀渡辺家系図）にはA，B，Cの三系図が存在することは別のところで述べたとおりである。渡辺家が甲賀ないしは杉谷へ定住するに至る経緯が異なり、B，C系図では渡辺綱久が甲賀へ（又は近江へ）定住したとするのに対してA系図では渡辺久綱が杉谷へ初めて定住したとする。綱久と久綱を同一人物と考えてしまいがちなため、どうしてもどちらの系図も時代が合わぬことになってしまっていた。

　B，C系図の嵯峨源氏渡辺半蔵家系図との近似性に注目し、かつ綱久と久綱は別人であるとして時代に合わせさらにA系図中の婚姻関係を加味して時代を整理した結果、下記のごとき統合案を思いつくに至った。若干推定が多く根拠に乏しいところは否定できないが、結果として戦国時代から江戸時代初期における当家の当主の歴代とよく一致するので、今後は本統合結果をD系図として当家の普段使いの系図として採用してゆきたいと考える。

　現在当家から甲賀市に渡辺俊経家文書にA系図のコピーを添付して寄託しているが、近い将来渡辺俊経家文書を甲賀市に寄贈することになった際には本物のA系図を寄贈し、当家ではA系図のコピーではなくD系図を使用するつもりである。

114

以下は数年前系図の統合を検討した際の検討資料の一部である。

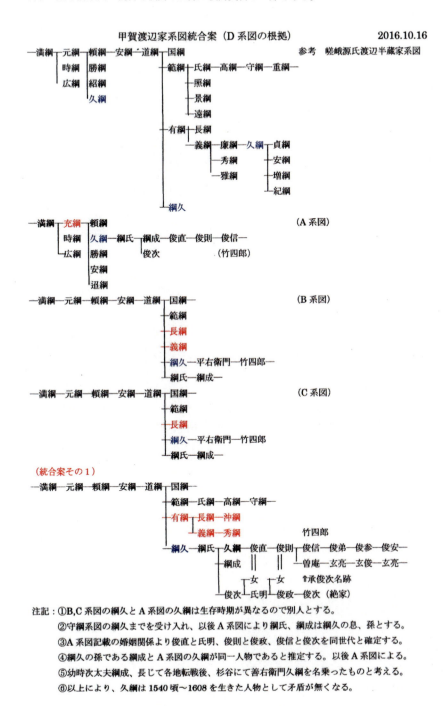

注記：①B,C系図の綱久とA系図の久綱は生存時期が異なるので別人とする。
　　　②守綱系図の綱久までを受け入れ、以後A系図により綱氏、綱成は綱久の息、孫とする。
　　　③A系図記載の婚姻関係より俊直と氏明、俊則と俊政、俊信と俊次を同世代と確定する。
　　　④綱久の孫である綱成とA系図の久綱が同一人物であると推定する。以後A系図による。
　　　⑤幼時次太夫綱成、長じて各地転戦後、杉谷にて善右衛門久綱を名乗ったものと考える。
　　　⑥以上により、久綱は1540頃〜1608を生きた人物として矛盾が無くなる。

115

居間・談話室（普段着の仲間達‥‥‥仲間と家族）

所属組織
　甲賀忍術研究会
　甲南地域史研究会
　近江歴史回廊倶楽部
　国際忍者学会

家族

72才になる直前で胃がんが見付かり切除した。何の因果か3週間で退院できるはずが、3ケ月半の長期入院となった。この時ばかりは本当にヤッと生還できたと歓喜した。

草津総合病院退院の日

　もう幾年か前になるが、結婚50周年でヨーロッパ旅行、その最終日にプラハで川向こうのプラハ城を眺めながら二人で晩餐会を行った。

メアブッシュ駅の近くのレストラン

デュッセルドルフ近郊の元の居住地近く

　ドイツでは5年間住んだデュッセルドルフを訪問

夕暮れのカレル橋とプラハ城

金婚式の会食の最後の儀式

後ろの窓からプラハ城をのぞむ　　　　　レストランの好意でお祝いのローソク点火

仲間たち

　いろいろな場面で仲間として一緒に活動していただいた人たちのことをご紹介したかったが、どの範囲にしようかと考えているうちに時間が来てしまった。申し訳ありませんが、お許しください。本当に楽しい時間をありがとうございました。

寝室（転生の記録）

帰ってきた甲賀者　渡辺俊経

帰ってきた甲賀者転生の記録

昭和12年	大阪の近江商人阿部家に奉公する手代の長男として摂津国豊中で出生
昭和15年	父親の上海転勤に同行、同地にて幼稚園入園、卒業
昭和19年	上海第2国民学校入学
昭和21年	上海より引き揚げ、甲賀の寺子屋甲南第2小学校へ転校（2年生）
昭和25年	同校卒業、甲賀の上級寺子屋甲南中学校入学
昭和28年	同校卒業、近江国元膳所藩校大津東高校（現膳所高校）入学
昭和31年	同校卒業
昭和32年	山城国京都所司代傘下工学修練所（京都大学工学部）にて工学を学ぶ
昭和38年	工学修士
同年	土佐国岩崎家江戸屋敷に奉公（三菱化成中央研究所）
昭和51年	同家ドイツ国デュッセルドルフ屋敷転勤、代官職
昭和56年	同家江戸屋敷（三菱化成本社）に転勤
平成5年	同家を辞し、甲州渡辺家（中央化学）鴻巣屋敷に番頭として奉公
平成12年	同家を辞し、故郷近江国甲賀郡杉谷村へ帰郷、幼少時の旧宅に住し農業を営む
同年	服部勲氏により、当家が尾張藩甲賀者・甲賀五人の一家の末裔であることが確定
同年	当家の蔵の2階の古箪笥より忍者文書等多数発見（渡辺俊経家文書）
平成13年	電網博覧会に、仮想展覧館『伊賀甲賀忍者館』を出展する手伝い
平成14年	甲南忍術研究会会長朏庄章夫氏の急死により同会会長に就任
以後	甲南町観光協会長、観光ボランティアガイド会長、甲南地域史研究会会長等歴任
その後	甲賀市合併前の五町連絡協議会会長等役職を歴任
平成29年	伊藤誠之氏により当家文書が翻刻され、『渡辺俊経家文書』として甲賀市より出版
平成30年	当家文書の現代語訳と尾張藩関係文書が『甲賀者忍者伝書』として甲賀市より出版
令和2年	20年間の研究結果をまとめ、『甲賀忍者の真実』を執筆、サンライズ出版社より刊行
同年	母の実家の地、近江国大津膳所へ転居
令和4年	ホームページ『帰ってきた甲賀者の棲み家』開設
令和7年	ホームページ閉鎖、三学出版より『甲賀忍者の真実』別冊付録として刊行

甲賀の自然と生活と歴史・・・自然環境と普段の生活と歴史の跡

屋敷周り
　帰って来た甲賀者の棲み家の周辺はのどかな田舎である。

甲賀武士や甲賀忍者の活動の跡

　じゃらんに小川城から和田城に到る神君甲賀越の跡を紹介する案内の日突然の大雪に見舞われた。それでも小川城はめでたく旅行プランに採択され即日じゃらんに掲載された。写真は神山・槙山・磯尾ルートの一風景。10センチの積雪でも予定通り踏破出来たくらい平坦であった。

あとがき

　デジタル空間のホームページを記録に残すもっと良い方法があるのか自分は知らない。もう時間がないので自分の思った通りにさせていただく。それがこの結末である。折角印刷するので消えないように酸性紙を避けたいと思って調べていただいたら、今日上質紙を使用すればほぼ酸性紙被害は回避できるとのこと、紙だけは上質紙を使うことにした。幾部かを国会図書館にお届けする予定である。

　自費出版なのでいろいろとコストカットした結果、字や写真が小さくなり読みづらい部分が出てしまった。申し訳ないがホームページの記録なので、我慢してくださいと申し上げるしかない。今ならホームページを開いて戴ければ画面上で拡大していただけるのだが、実はそれも近々かなわなくなる。ホームページの後は誰かに託すつもりであったが、細かい調整ももはや自分には面倒なので今回はここで打ち止めにしようと思う。

　表紙については別冊付録であるのでテイストは本体本『甲賀忍者の真実』と似たものにすることにしたが、最終的に作者白鹿照子様のお許しを得て「棲み家」の絵を使用させていただくことにした。快く御許可を頂けたことに加え、長年の家族ぐるみのご厚誼に心から感謝申し上げたい。

　それにしても楽しい人生であった。中でも「帰って来た甲賀者」として甲賀の「棲み家」に住んだ 2000 年からの 20 年間は格別のものであった。多くの方にお世話になり、多くの方に多くのことを学ばせていただいた。その中で、忍者について方言のままで語り合うはずの仲間がいつの間にか標準語しかしゃべらなくなり方言でしゃべる仲間を煙たがる動きが見られる様になったと擬えたくなる状況があり、唯一残念であった。

　5 年前お世話になったサンライズ出版様には本件を本体本『甲賀忍者の真実』の別冊付録扱いとすることにつきご理解とご了解を頂いた。厚く御礼申し上げたい。

　三学出版の中桐様にはデジタルデータの取り扱いで無理を言ってご苦労をおかけした。ありがとうございました。

　最後に今日まで 59 年間伴走してついてきてくれた妻美輪子にもう一度ありがとうと云いたい。

2025 年 2 月 10 日
大津琵琶湖畔のマンションにて　　　渡辺　俊経

『甲賀忍者の真実』別冊付録

帰って来た甲賀者の棲み家

2025 年 1 月 30 日初版印刷
2025 年 2 月 10 日初版発行

著　者　渡辺　俊経
発行者　岡田　金太郎
発行所　三学出版有限会社

〒 520-0835 滋賀県大津市別保 3 丁目 3-57 別保ビル 3 階
TEL 077-536-5403　FAX 077-536-5404
https://sangakusyuppan.com/